Felix Mayer, Uta Seewald-Heeg (Hrsg.)

Terminologie-
management

Von der Theorie zur Praxis

Verlegt vom
Bundesverband der Dolmetscher
und Übersetzer e.V. (BDÜ)

Felix Mayer, Uta Seewald-Heeg (Hrsg.)

Terminologie-
management

Von der Theorie zur Praxis

Die Deutsche Bibliothek – CIP Einheitsaufnahme

FELIX MAYER, UTA SEEWALD-HEEG (HRSG.):
TERMINOLOGIEMANAGEMENT
Von der Theorie zur Praxis

verlegt vom Bundesverband der Dolmetscher und Übersetzer e.V. (BDÜ)

ISBN 978-3-938430-27-9

Für fehlerhafte Angaben wird keine Haftung übernommen.
© 2009 Felix Mayer, Uta Seewald-Heeg
Satz: Thorsten Weddig, Essen
Druck: Schaltungsdienst Lange oHG, Berlin

Das Werk einschließlich aller seiner Teile ist urheberrechtlich geschützt.
Jede Verwendung außerhalb der engen Grenzen des Urheberrechtsgesetzes
ist ohne Zustimmung des Herausgebers unzulässig und strafbar.
Das gilt insbesondere für Vervielfältigungen, Übersetzungen, Mikroverfilmungen
und die Einspeicherung und Verarbeitung in elektronischen Systemen.
Gedruckt auf säurefreiem und alterungsbeständigem Werkdruckpapier.

ISBN 978-3-938430-27-9

Vorwort

Karl-Heinz Trojanus

Übersetzen, vor allem Fachübersetzen, hat stets etwas mit Terminologie zu tun. Diese muss stringent und konsistent sein, denn der einheitliche und eindeutige Gebrauch der Fachsprache ist ein Gradmesser für die Qualität von Fachübersetzungen. Ziel des vorliegenden Buches ist es, eine leicht verständliche Einführung in die wichtigsten Facetten der übersetzungsorientierten Terminologiearbeit zu geben. Zielgruppe sind Studierende, Berufseinsteiger sowie bereits im Beruf stehende Übersetzer und Dolmetscher, aber auch Technische Redakteure und alle, die sich mit den vielfältigen Aspekten der Terminologiearbeit vertraut machen wollen.

Den Einstieg bildet ein Aufsatz von Felix Mayer über Terminologielehre und Terminologiemanagement. Darin führt er in die theoretischen und praktischen Grundlagen der Terminologiearbeit ein und erläutert die wichtigsten Begriffe dieses Fachgebiets. Daran schließen sich die Ausführungen von François Massion an, in denen er der Frage nachgeht, ob Terminologiemanagement ein Luxus oder ein Muss ist, was zu einem Terminologieeintrag gehört, welche elektronischen Werkzeuge eingesetzt werden können und wie es mit den Kosten aussieht.

Terminologie will verwaltet und gepflegt sein, um ihren vollen Nutzen entfalten zu können. Uta Seewald-Heeg legt in ihrem Aufsatz „Terminologieverwaltungssysteme" die grundlegenden Konzepte computergestützter Terminologiearbeit dar. Anhand zahlreicher Bildschirmfotos veranschaulicht sie, wie Terminologieeinträge sinnvoll aufgebaut werden sollten. Eine detaillierte Darstellung der verschiedenen Terminologieverwaltungssysteme und ihrer Funktionen, des Imports und Exports terminologischer Daten sowie eine tabellarische Übersicht über die vorgestellten Systeme schließen den Beitrag ab. Rachel Herwatz führt in die webbasierte Terminologiearbeit ein und referiert über die Vorteile und Effizienz vernetzter Terminologiearbeit, bei der die Terminologie allen Beteiligten zur Nutzung, Diskussion und Pflege zeitgleich zur Verfügung steht. Die Ausführungen werden durch zahlreiche Beispiele mit Darstellung der dazugehörigen Werkzeuge untermauert. Die Aspekte des Terminologieaustauschs, der sich früher oder später für jeden als notwendig erweisen dürfte, sowie die Vor- und Nachteile verschiedener Vorgehensweisen beleuchtet Angelika Zerfass anhand vielfältiger Beispiele.

Karina Eckstein vermittelt in ihrem Beitrag „Toolgestützte Terminologieextraktion" einen Einblick in die Arbeitsweisen von Programmen, mit deren Hilfe ein- und zweisprachige Terminologie aus Texten extrahiert werden kann. Es werden die verschiedenen Schritte der Extraktion beschrieben und an Beispielen veranschaulicht. Der Aufsatz von Inke Raupach stellt in kurzen Zügen wichtige in- und ausländische Terminologieportale vor, die neben reichhaltigen Terminologiesammlungen zu einer Vielzahl von Sprachen und Sachgebieten Informationen zum Thema Terminologie und Terminologiearbeit bieten. Den Schluss bildet ein Aufsatz von Klaus-Dirk Schmitz, in dem er darlegt, welchen Stellenwert heutzutage die Terminologieausbildung in den translatorischen Studiengängen mit Bachelor- und Master-Abschluss erlangt hat. Zahlreiche bibliographische Angaben am Ende der einzelnen Beiträge laden zur Vertiefung in die Thematik ein.

Karl-Heinz Trojanus
Diplom-Übersetzer
Vizepräsident, BDÜ

Inhaltsverzeichnis

Terminologielehre und Terminologiemanagement 12
Felix Mayer

Terminologiemanagement: Luxus oder Muss?
Von der Theorie zur Praxis 27
François Massion

Terminologieverwaltungssysteme 35
Uta Seewald-Heeg

Webbasierte Terminologiearbeit –
Terminologie unternehmensweit verteilen und pflegen 82
Rachel Herwatz

Terminologieaustausch 93
Angelika Zerfaß

Toolgestützte Terminologieextraktion 108
Karina Eckstein

Terminologieportale mit Mehrwert 121
Inke Raupach

Zur Rolle der Terminologieausbildung in
translatorischen Studiengängen 128
Klaus-Dirk Schmitz

Autoren 135

Terminologielehre und Terminologiemanagement

Felix Mayer

1 Einleitung

Die Suche nach Entsprechungen in einer anderen Sprache ist ein grundlegendes Bedürfnis des Menschen, der im Kontakt mit anderen steht, die andere Sprachen sprechen. Erstaunlich ist daher, dass Wörterbücher eine Geschichte von gerade etwa 500 Jahren haben. Von Terminologiearbeit, also dem professionellen Umgang mit Fachwörtern, sprechen wir jedoch erst seit gut 30 Jahren.

Terminologiearbeit gewinnt immer noch an Bedeutung. Nicht nur in den Bereichen Normung und Übersetzung, wo im Grunde ihre Ursprünge liegen, sondern auch in den Bereichen Technische Redaktion und mehrsprachige Kommunikation.

Im Folgenden soll dargestellt werden, was Terminologiearbeit ist. Dazu werden zunächst einige begriffliche Grundlagen erläutert. Anschließend wird der prinzipielle theoretische Ansatz von Terminologiearbeit vorgestellt. Es wird erläutert, worauf es bei der rechnergestützten Terminologiearbeit ankommt und welche Strukturen heute hinter den Einträgen stehen. Der Beitrag schließt mit einem Blick auf das Spannungsfeld zwischen Theorie und Praxis der rechnergestützten Terminologiearbeit.

2 Begriffliche Klärungen

Von zentraler Bedeutung für die Terminologiearbeit ist das terminologische Dreigestirn, üblicherweise als *semiotisches Dreieck* bezeichnet. Es besteht aus Begriff, Benennung und Gegenstand.

Mit *Begriff* wird eine Vorstellung bezeichnet, die Menschen an einer Mehrheit von Gegenständen feststellen. *Gegenstand* hingegen ist das konkrete oder abstrakte Objekt, sozusagen die hinter einem Begriff liegende Realität. *Benennung* wiederum bezeichnet die sprachliche Realisierung eines Begriffs.

Diese Unterscheidung ist insofern bei der Terminologiearbeit wichtig, da auf Karteikarten, in Glossaren oder heute in terminologischen Datenbanken „nur" die Benennungen erfasst werden. Die Begriffe sind nicht „greifbar", da sie ja nur Vorstellungen sind, die sich eine Mehrzahl von Menschen von einer Mehrheit von Gegenständen machen. Die Benennungen stehen somit für die Begriffe, sie repräsentieren sie. Üblicherweise wird das semiotische Dreieck folgendermaßen graphisch dargestellt (siehe Abb. 1).

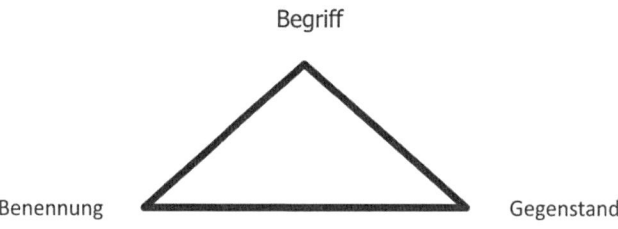

Abb. 1: Semiotisches Dreieck.

Was ist nun aber mit *Term* und *Terminus* gemeint? In der Theorie wird mit *Terminus* die Einheit aus Begriff und Benennung bezeichnet. Die Entlehnung *Term* bezeichnet hingegen in der Regel die Benennung, die in terminologischen Datenbanken erfasst wird. Häufig wird dann weiter vom *synonymen Term* anstelle von Synonym gesprochen.

Die *Begriffsorientierung* ist eine zentrale Anforderung an terminologische Einträge im Bereich der Terminologie. Ihr gegenüber steht die sogenannte *Wortorientierung oder Benennungsorientierung*.

Benennungsorientierte Einträge sind üblicherweise in Wörterbüchern zu finden. In einem Eintrag sind alle Bedeutungen eines Wortes aufgeführt. Daher wird dies auch als *Eintragsnest* bezeichnet.

Begriffsorientierte Einträge in terminologischen Datenbanken gehen hingegen vom Begriff, also von der Bedeutung, aus. Hier findet sich nur ein Begriff pro Eintrag. Dies hat zur Folge, dass ein Wort, das mehrere Begriffe repräsentiert, also verschiedene Bedeutungen hat, in der terminologischen Datenbank mehrfach erscheint: Jeder Begriff, also jede Bedeutung, hat seinen (oder ihren) eigenen Eintrag. Zur Unterscheidung verschiedener Begriffe wird in der Regel das Fachgebiet angegeben; auch eine Definition kann auf die andere Bedeutung hinweisen.

Ein weiteres Prinzip bei den heutigen Terminologiedatenbanken ist die sogenannte Benennungsautonomie, früher auch als Synonymautonomie bezeichnet. *Benennungsautonomie* bedeutet, dass jede einzelne Benennung im terminologischen Eintrag umfangreich dokumentiert werden kann. Im äußersten Fall bedeutet dies, dass die sich letztlich als Synonyme herausstellenden Benennungen jeweils eine eigene Definition aufweisen können. In terminologischer Hinsicht ist das Aufführen mehrerer Definitionen innerhalb eines Eintrags redundant, denn für den Begriff, für den diese Benennungen stehen, reicht im Grunde ja eine Definition völlig. Sie kann jedoch dort von Bedeutung sein, wo Synonyme („konkurrierende Benennungen") verwendet werden und die Beschreibung des sprachlichen Ist-Zustandes eine Rolle spielt (und somit deskriptive Terminologiearbeit – siehe unten – betrieben wird).

Terminologiearbeit bezeichnet in der Regel die praktische Tätigkeit der Erarbeitung von Terminologie. Ergebnis von Terminologiearbeit ist somit Terminologie.

In der Praxis werden verschiedene *Formen von Terminologiearbeit* unterschieden: *deskriptive Terminologiearbeit* beschreibt und zeichnet den terminologischen Ist-Zustand auf. *Präskriptive, normende oder normierende Terminologiearbeit* strebt die einheitliche Verwendung von Terminologie an und soll Eindeutigkeit und Eineindeutigkeit garantieren. *Eindeutigkeit* bedeutet dabei, dass eine Benennung genau einen Begriff repräsentiert, *Eineindeutigkeit*, dass ein Begriff durch genau eine Benennung repräsentiert wird. So ist beispielsweise *Returntaste* zwar eindeutig, da damit eine bestimmte Taste auf der Tastatur eines Computers bezeichnet wird, doch ist der dahinter stehende Begriff nicht eineindeutig. Es gibt (neben der Schreibvariante *Return-Taste* noch die Synonyme *Entertaste* (orthographische Variante *Enter-Taste*) und *Eingabetaste*.

Vor allem bei der deskriptiven Terminologiearbeit wird weiter unterschieden zwischen punktueller und systematischer Terminologiearbeit. *Punktuelle Terminologiearbeit*, im Schweizer Sprachgebrauch auch als *Ad-hoc-Terminologiearbeit* bezeichnet, untersucht einen oder einige wenige Termini terminologisch. In der *systematischen Terminologiearbeit* wird ein Fachgebiet und seine

Terminologie im Zusammenhang bearbeitet. Bei der systematischen Terminologiearbeit wird weiter unterschieden zwischen *sachbezogenen Untersuchungen*, wenn ein präzise eingeschränktes Fachgebiet terminologisch aufbereitet wird, und *textbezogenen Untersuchungen*, wenn die in einem Text enthaltene Terminologie bearbeitet wird.

Die *übersetzungsorientierte Terminologiearbeit*, die als *mehrsprachige Terminologiearbeit* verstanden wird und häufig in Form der punktuellen oder der textbezogenen Form auftritt, gilt als Sonderform der Terminologiearbeit. Weitere Anwendungsbereiche von Terminologiearbeit sind Lokalisierung, Technische Redaktion, Fachwörterbuchproduktion, Normung oder Rechtsvergleichung. Darüber hinaus stellen die verschiedenen Fachgebiete mancherlei besondere Anforderungen, die sich in einzelnen Arbeitsschritten sowie in den Anforderungen an die Informationen im terminologischen Eintrag widerspiegeln.

Erst seit Ende der Neunzigerjahre spricht man von *kooperativer Terminologiearbeit*. Der Begriff ist letztlich nicht neu, da Terminologiearbeit immer die Zusammenarbeit von Fachleuten und Sprachfachleuten, also Terminologen, erfordert hat. Neu ist in diesem Zusammenhang, dass aufgrund der neuen Technologien verteilte Teams an der gleichen Terminologie arbeiten und sozusagen in „Echtzeit" mit den Ergebnissen der anderen weiterarbeiten können. Die Begrenzungen, die früher der notwendige Austausch von Terminologie im Hinblick auf Aktualität und Konsistenz der Daten mit sich brachte, sind damit überwunden.

3 Terminologiemanagement und die kanonische Form der Terminologiearbeit

Terminologiemanagement, eine vor wenigen Jahren aufgekommene Bezeichnung, die wahrscheinlich dem Englischen und der Wertigkeit von Wissensmanagement geschuldet ist, wird in der Praxis unterschiedlich definiert. Einige Autoren verwenden sie als Synonym für Terminologiearbeit im traditionellen Sinn. Dabei gewinnen möglicherweise die auch bei der herkömmlichen Terminologiearbeit vorhandenen organisatorischen und planerischen Aufgaben eine stärkere Bedeutung. Einige andere verstehen Terminologiemanagement hingegen als Synonym zu *Terminologieverwaltung*, worunter sie wiederum die

Erfassung, Erarbeitung, Pflege und Bereitstellung von Terminologie in Terminologieverwaltungssystemen oder Terminologiedatenbanken verstehen (vgl. Klaus-Dirk Schmitz in diesem Band).

Im Folgenden wird Terminologiemanagement als synonym zu Terminologiearbeit verstanden.

Die Terminologiearbeit als Gesamtprozess besteht aus verschiedenen Phasen, die wiederum aus mehreren Schritten bestehen. Die wichtigsten Phasen sind:

1. Vorbereitung,
2. terminologische Analyse und
3. Bereitstellung für den Benutzer.

Die einzelnen Schritte in diesen Phasen hängen eng mit der Art und der Zielsetzung der Terminologiearbeit zusammen. So sind beispielsweise die Phasen eins und drei bei der systematischen Terminologiearbeit sehr umfangreich ausgestaltet. Bei der punktuellen Terminologiearbeit beispielsweise in der technischen Redaktion oder beim Übersetzen, bei der es ja „nur" darum geht, einen oder wenige Begriffe zu klären, besteht Phase drei lediglich darin, dass der Benutzer weiß, welche Benennung im Text zu verwenden ist.

Vor diesem Hintergrund ist die im Folgenden beschriebene Methodik als grundlegend anzusehen, die jeweils an die Zielsetzungen anzupassen ist.

Phase 1: Vorbereitung

Die folgenden Überlegungen sind vor Beginn eines Terminologieprojektes anzustellen, und sie müssen im Grunde vor jedem neuen terminologischen Projekt neu bedacht werden. Sie nehmen bei der systematischen Terminologiearbeit breiten Raum ein, auch wenn Erfahrungswerte schnelle Antworten ermöglichen. Bei der punktuellen Terminologiearbeit sind nur einige von Bedeutung, und sie können vielfach kurz und knapp geklärt werden.

Diese Überlegungen betreffen:

1. Zielsetzung, Zielgruppe, Form der Verwendung der Terminologie, gegebenenfalls Form der Veröffentlichung und Mitarbeit von Fachleuten bei einem Projekt,
2. (nur bei der systematischen Terminologiearbeit:) Abgrenzung des Fachgebiets und Aufteilung des Fachgebiets in kleinere Einheiten, da eine zu große Menge an zu bearbeitenden Begriffen nicht mehr handhabbar ist,
3. Beschaffung und Analyse des Dokumentationsmaterials; wichtig ist, dass die Texte

    - von Fachleuten verfasst sind,
    - von Muttersprachlern geschrieben sind und
    - den dem Inhalt des Texts entsprechenden aktuellen Wissensstand des Fachgebiets widerspiegeln.

Diese Punkte 1-3 gelten klassischerweise als die ersten Arbeitsschritte bei der Terminologiearbeit. An sie schließen die nachfolgend beschriebenen Arbeitsschritte der Phase 2 an.

Phase 2: Terminologische Analyse

Die terminologische Analyse, der Kernprozess der Terminologiearbeit, besteht aus den folgenden zentralen Schritten:

- Bestimmung des Begriffs,
- Erarbeitung der Beziehungen zwischen den Begriffen und
- Zuordnung von Begriff und Benennung sowie Feststellung oder Erarbeitung von Synonymie.

In der einsprachigen Terminologiearbeit kann mit diesen drei Schritten, deren Reihenfolge variieren mag, eine hinreichende Qualität erzielt werden.

Komplexer und schwieriger wird es in der zwei- und mehrsprachigen Terminologiearbeit. Hier sagt die Theorie, dass diese drei Schritte für jede Sprache getrennt durchzuführen sind. Diese Trennung ist in theoretischer Hinsicht deswegen erforderlich, weil die Erkenntnisse aus der einen Sprache nicht den

Blick auf die andere Sprache verstellen dürfen oder gar begriffliche Unterteilungen und Strukturen der einen Sprache die Sicht auf die andere Sprache vorgeben sollen.

Erst nach der Erarbeitung der Begriffe, der Beziehungen zwischen ihnen und der Zuordnung von Begriff und Benennung in jeweils einer Sprache darf, so die Theorie, die Analyse zwischen den Sprachen erfolgen. Bei dieser vergleichenden Analyse wird die Äquivalenz zwischen den Begriffen festgestellt oder erarbeitet, und zwar anhand der Positionen im Begriffssystem und anhand des Vergleichs der jeweiligen Definitionen. Dabei wird auch herausgearbeitet, ob und wo Begriffs- oder Benennungslücken vorliegen, die ggf. geschlossen werden können.

Phase 2 besteht somit bei der zweisprachigen Terminologiearbeit aus den folgenden Schritten:

1. terminologische Analyse von Sprache 1,
2. terminologische Analyse von Sprache 2,
3. vergleichende terminologische Analyse von Sprache 1 und Sprache 2.

Phase 3: Bereitstellung für den Benutzer

Diese Phase kann verschwindend kurz, aber auch immens umfangreich sein. Bei der einsprachigen, punktuellen Terminologiearbeit kann das Ergebnis bereits der Terminus sein, der im Text verwendet wird. Bei einem mehrsprachigen, systematischen Ansatz, der möglicherweise in ein Wissensmanagementsystem einfließen soll, ist das Ergebnis eine umfangreich strukturierte Terminologiedatenbank. Wenn diese noch in Form eines Wörterbuches publiziert werden soll, liegt auf der Hand, dass sich aus diesen unterschiedlichen Anforderungen in dieser Phase erhebliche Unterschiede ergeben.

4 Rechnergestützte Terminologiearbeit

Grundlagen

Die rechnergestützte Technologiearbeit hat zum Ziel, die Ergebnisse der Terminologiearbeit festzuhalten. Dazu müssen jedoch vorher einige grundlegende Fragen geklärt sein. Häufig erfolgt die Klärung unmittelbar nach der prinzipiellen Entscheidung, Terminologiearbeit zu betreiben, wobei einige dieser Fragen immer wieder bei Beginn eines neuen terminologischen Projekts zu stellen sind. Sie betreffen die Prozesse und die Werkzeuge:

Fragen zum Prozess:

- Wo ist die Terminologiearbeit angesiedelt?
- Wer sind die Akteure?
- Welche Ressourcen (Personen, Geld, Zeit) stehen zur Verfügung?
- Welche Abläufe sind notwendig, erforderlich oder gewünscht?

Fragen zu den Werkzeugen (*Tools*):

- Welches Terminologieverwaltungssystem/Terminologieverwaltungsprogramm wird eingesetzt?
- Welche terminologischen Informationen sollen aufgezeichnet werden, welche Eintragsstruktur wird gewünscht?
- Welche Eintragsstruktur ist im gewählten Terminologieverwaltungssystem möglich?

Terminologische Einträge und Eintragsstrukturen

Ein terminologischer Eintrag enthält alle relevanten Informationen zu einem Begriff. Er unterscheidet sich damit grundlegend von einem Eintrag in den meisten Wörterbüchern. Dort sind alle relevanten Informationen zu einem Wort – und damit die verschiedenen Bedeutungen eines Wortes (aus Sicht der Terminologie: die verschiedenen Begriffe) – in einem Eintrag dokumentiert. So enthält ein terminologischer Eintrag zu der erwähnten *Returntaste* die oben bereits genannten Synonyme, nämlich *Entertaste* und *Eingabetaste*. Ob die orthographischen Varianten *Return-Taste* und *Enter-Taste* auch erfasst werden sollen oder müssen, hängt von der Zielsetzung und der Notwendigkeit ab.

In den heutigen Datenbanken sind die terminologischen Einträge stark strukturiert. Die terminologischen Informationen werden in Feldern, die bestimmten Datenkategorien zugeordnet sind, erfasst. Die Strukturierung der Datenkategorien kommt in der *terminologischen Eintragsstruktur* zum Ausdruck. Aus der Eintragsstruktur lässt sich ersehen, welche Datenkategorien in einer Datenbank möglich sind, welche Beziehungen zwischen den Datenkategorien bestehen und in welcher Reihenfolge die Datenkategorien angeordnet sind.

Wichtige Datenkategorien sind beispielsweise *Fachgebiet, Definitionen, Kontext, Quelle* oder *Anmerkung*. In der Praxis spielen häufig auch Datenkategorien, die Angaben zur Einschränkung des Gebrauchs (länder-, gebrauchs-, produkt- oder firmenspezifisch) ermöglichen, eine Rolle. Kaum ein Eintrag kommt ohne die Datenkategorie *Term* aus. Diese Datenkategorie enthält die Benennung, die den Begriff repräsentiert. Synonyme Benennungen werden ebenfalls in dieser Datenkategorie erfasst. Moderne Datenbanken haben inzwischen kaum mehr Beschränkungen, so dass in einem Eintrag theoretisch eine Vielzahl von synonymen Benennungen jeweils in einer eigenen Datenkategorie *Term* erfasst werden können. Moderne Datenbanken erlauben darüber hinaus, diese Datenkategorie zu qualifizieren. Somit ist leicht zu erkennen, ob eine Benennung länderspezifisch, die andere firmenspezifisch und die dritte beim Auftraggeber vielleicht nicht verwendet werden darf.

Wichtig ist heute auch, dass die Datenkategorien in sinnvoller Weise angeordnet sind und Beziehungen untereinander aufweisen. So empfiehlt es sich beispielsweise nicht, nur eine Datenkategorie *Quelle* zu haben, wenn in bestimmten Fällen eine Quellenangabe zur Definition und eine andere zum Kontext erforderlich ist. Auch die Position des Fachgebiets überrascht in manchen Terminologieverwaltungssystemen: da das Fachgebiet den Begriff eingrenzt und sich somit auf den gesamten Eintrag bezieht, ist zumindest erstaunlich, wenn eine Eintragsstruktur die Angabe des Fachgebietes in jeder Sprache erfordert.

5 Terminologiearbeit im Spannungsfeld zwischen Theorie und Praxis

Von Praktikern wird immer wieder der Vorwurf erhoben, die in der Theorie entwickelten Ansätze und Methoden seien in der Praxis nicht verwendbar: Sie seien zu kompliziert, zu aufwendig und würden den Anforderungen der Praxis nicht genügen. Dieser Vorwurf ist auch von denen zu hören, die ein- oder mehrsprachig Texte produzieren und dabei Terminologiearbeit betreiben. Vorstellbar ist dies ja, doch trifft dies auch für die Terminographie zu?

Die inzwischen zurückgezogene Norm DIN 2345 definiert Terminologiearbeit als „auf der Terminologielehre aufbauende Erarbeitung, Bearbeitung oder Verarbeitung, Darstellung oder Verbreitung von Terminologie sowie die Einarbeitung von Terminologie in Texte".

Interessant ist hier der letzte Teil der Definition: Bereits das Anpacken einer Benennung und ihr Einfügen in einen Text wird als Terminologiearbeit angesehen. Gemäß dieser alten Norm könnte man somit überspitzt formulieren: Ob Übersetzer oder Redakteure es eingestehen oder nicht – sie betreiben auf jeden Fall Terminologiearbeit; die Frage ist nur, mit welcher Qualität.

Gehen wir dieser Frage doch einmal nach. Dazu sind zunächst zwei Unterscheidungen zu machen:

1. der intellektuelle Prozess der Suche nach der rechten Benennung,
2. das Aufzeichnen der Ergebnisse der Analyse, beispielsweise in einer terminologischen Datenbank.

Der Analyseprozess beim Finden einer Benennung ist relativ komplex. Geht man an diesen Prozess mit den Methoden der Terminologielehre, also der oben beschriebenen Terminologiearbeit, so ist zunächst entscheidend, dass die Bestimmung des Begriffs im Mittelpunkt steht. Dabei wird der Begriff als eine eigene Einheit gesehen, die zunächst getrennt ist oder getrennt zu sehen ist von der Benennung. Darüber hinaus steht ein Begriff selten allein: Er ist Teil eines begrifflichen Systems, häufig auch nur eines kleineren Systems, das sich aus zwei oder drei begrifflichen Einheiten, zwischen denen Verbindungen bestehen, zusammensetzt. Diesem Begriff wird eine Benennung zugeordnet, oder es wird, sofern der Ausgangspunkt der Recherche eine Benennung war, diese Zuordnung bestätigt. Dieser intellektuelle Prozess, der in dieser oder ähnlicher Form vielfach abläuft, entspricht dem kanonischen Prozess bei der einsprachigen Terminologiearbeit.

Bei der zwei- oder mehrsprachigen Terminologiearbeit sieht die Methode nun vor, dass bei der terminologischen Analyse in einer weiteren Sprache „ergebnisoffen" nachgedacht wird. Damit wird eben nicht sofort das Äquivalent gesucht und verwendet, sondern es wird ohne unmittelbare Bezugnahme zum Begriff und seiner Benennung in der ersten Sprache analysiert, wie der Begriff in der zweiten Sprache gefasst ist und durch welche Benennung er repräsentiert wird. Erst dann erfolgt die vergleichende terminologische Analyse, bei der Sprache 1 und Sprache 2 in Relation gesetzt werden und die Äquivalenz herausgearbeitet wird.

Mit dieser Vorgehensweise wird erreicht, dass mit einer hohen Wahrscheinlichkeit das Ergebnis stimmig ist und dass nicht ein falsches Ergebnis vorschnell verwendet wird. Diese Vorgehensweise ist somit die „Übersetzung" einer kritischen Haltung, die vielen Sprachexperten in Fleisch und Blut übergegangen ist, in eine Methode.

Die Ergebnisse der ein- oder mehrsprachigen terminologischen Analyse in einer Datenbank aufzuzeichnen, ist nun in der Tat ein Problem. Denn wendet man das Verfahren korrekt an, so können Begriff und Benennung erst nach Abschluss der terminologischen Analyse erfasst werden. Auch die Äquivalenzierung, also die komplexen Informationen, die sich aus den Begriffen und Benennungen in Sprache 1 und Sprache 2 zusammensetzen, können eigentlich erst nach Abschluss des gesamten Verfahrens in die Datenbank eingetragen werden. Und das ist, insbesondere bei komplexeren Begriffen, relativ schwierig und aufwendig, gerade wenn eine Menge von terminologischen Informationen anfallen, da ja alle Informationen memoriert werden wollen.

Da die heutigen terminologischen Datenbanken noch keine hinreichende Unterstützung für die oben beschriebene komfortable Erfassung von Einträgen bieten, bleibt in diesem Fall nur, die Informationen, die wichtig erscheinen, gleich zu erfassen. Dies hat allerdings zur Folge, dass Terminologiearbeit in der beschriebenen Form kaum ablaufen kann: Bereits beim Erfassen werden Begriff und Benennung fest zugeordnet, und beim Blick in die zweite Sprache wird durch das Erfassen einer Benennung die Äquivalenz bereits vorweggenommen.

Aus dem bisher Gesagten lässt sich somit ableiten, dass die terminologische Analyse auch bei Verwendung eines Terminologieverwaltungssystems (und beim sukzessiven Erfassen von Benennungen und Definitionen) unabhängig und möglichst unbeeinflusst weiterlaufen muss.

Zu überlegen ist auch, welche terminologischen Informationen in einem Eintrag erfasst werden sollten. Die Theorie verlangt nicht, dass einfache Einträge umfangreich dokumentiert werden. Einfache Einträge, die nur eine sehr kurze Recherche erfordert haben, benötigen keine umfangreiche Dokumentation. Es ist hinreichend, wenn einige wenige terminologische Informationen erfasst werden. Üblicherweise spricht man in diesem Zusammenhang vom sogenannten Mindesteintrag. Dieser hängt allerdings von den jeweiligen terminologischen Anforderungen ab; ein allgemeiner Konsens hat sich noch nicht etabliert. Um einen Richtwert zu geben: ein *terminologischer Mindesteintrag* besteht häufig aus der oder den Benennungen, aus den entsprechenden Quellen (um die Informationen schnell zu finden und gleichzeitig die Zuverlässigkeit der Informationen überprüfen zu können) und aus dem Fachgebiet (um den Anwendungsbereich zu verdeutlichen).

Eine umfangreiche Dokumentation wird dort benötigt, wo ein erheblicher Rechercheaufwand notwendig war, um einen komplexen Begriff oder eine komplexe Äquivalenzrelation gedanklich überhaupt in den Griff zu bekommen. In diesen Fällen sollten die terminologischen Informationen, die in besonderer Weise zu terminologischen Entscheidungen beigetragen haben, möglichst umfassend dokumentiert werden. Dass hierzu eine Eintragsstruktur erforderlich ist, die die terminologischen Anforderungen des Terminologieprojekts und mögliche Sonderfälle berücksichtigt, liegt auf der Hand.

6 Ausblick

Wird Terminologiearbeit in der hier beschriebenen Form betrieben, so ist das Ergebnis von hoher Qualität. Zwar sind die terminologischen Einträge dadurch nicht automatisch einheitlich mit den gleichen Datenkategorien ausgestattet, und die Einträge sind auch nicht „wohlgeformt" (und gewinnen nicht notwendigerweise einen terminologischen Schönheitspreis). Doch enthalten sie diejenigen terminologischen Informationen, die für das betreffende terminologische Projekt wichtig sind. Und vor allem: Ergebnisse der terminologischen Recherche und der terminologischen Analyse sind auf diese Weise in einer Datenbank aufgezeichnet. Spätere Anwender, die die gleiche oder eine ähnliche Frage haben, müssen nicht von vorne anfangen, sondern können die Ergebnisse nutzen und auf ihnen aufbauen.

Literatur

Arntz, R. / Picht, H. / Mayer, F. (2004): *Einführung in die Terminologiearbeit*. 5. Aufl., Hildesheim: Olms.

DIN 2342 (1992): *Begriffe der Terminologielehre*. Grundbegriffe. Berlin.

DIN 2342 (2004): „Begriffe der Terminologielehre. Normentwurf", in: Herzog, G. / Mühlbauer, H. (Hrsg): *Normen für Übersetzer und technische Autoren*. Beuth: Berlin, 158-178.

DIN 2345 (1998): *Übersetzungsaufträge*. Berlin: Beuth.

Drewer, P. (2008): „Wie viel Terminologielehre hat Platz im praktischen Terminologiemanagement?", in: Krings, H.P. / Mayer, F. (Hrsg.): *Sprachenvielfalt im Kontext von Fachkommunikation, Übersetzung und Fremdsprachenunterricht*. Frank & Timme: Berlin, 305-316.

Felber, H. / Budin, G. (1989): *Terminologie in Theorie und Praxis*. Tübingen: Narr.

Hohnhold, I. (1983): „Übersetzungsorientierte Terminologiearbeit", in: *Lebende Sprachen* 1/1983, 2-6 (Folge 1), 3/1983, 102-105 (Folge 2), 3/1983, 145-148 (Folge 3), 3/1984, 101-105 (Folge 4).

Hohnhold, I. (1990): *Übersetzungsorientierte Terminologiearbeit. Eine Grundlegung für Praktiker*. Stuttgart.

ISO 704 (2000): *Terminology Work: Principles and Methods*.

Kerpan, N. (1977): „Histoire de la terminologie au Canada et au Québec", in: *META*, XXII, 1, 45-53.

KÜDES (2003) = Konferenz der Übersetzungsdienste europäischer Staaten (2003): *Empfehlungen für die Terminologiearbeit.* Bern: Schweizerische Bundeskanzlei.

Mayer, F. (1998): *Eintragsmodelle für terminologische Datenbanken. Ein Beitrag zur übersetzungsorientierten Terminographie.* Narr: Tübingen.

Mayer, F. (2001): „Terminologie in der Fachübersetzung", in: Mayer, F. (Hrsg.)(2001): *Dolmetschen & Übersetzen: Der Beruf im Europa des 21. Jahrhunderts.* München, 156-160.

Mayer, F. (2008): „Terminographie heute. Antworten der Lehre auf die Anforderungen der Praxis", in: Krings, H.P. / Mayer, F. (Hrsg.): *Sprachenvielfalt im Kontext von Fachkommunikation, Übersetzung und Fremdsprachenunterricht.* Frank & Timme: Berlin, 317-328.

Mossmann, Yvan (1988): „Die Terminologiedatenbank vor der Entscheidung", in: *Lebende Sprachen*, 1/88, 1-10; 2/88, 57-62.

Reinke, U. (2002): „Terminologiemanagement in modernen Übersetzungsumgebungen – Translation Memories und Lokalisierungstools", in: Mayer, F. / Schmitz, K.-D. / Zeumer, J. (Hrsg.): *eTerminology. Professionelle Terminologiearbeit im Zeitalter des Internet.* Akten des Symposions. Deutscher Terminologie-Tag e.V. Köln, 12.-13. April 2002, 215-222.

Rey, A. (1975): „Terminologies et « terminographie »", in: *Banque des mots*, 10, 1975, 145-154.

Rondeau, G. (1981): *Introduction à la terminologie.* Québec.

Sager, J.C. (1990): *A practical course in terminology processing.* Amsterdam, Philadelphia.

Sandrini, P. (1996). *Terminologiearbeit im Recht. Deskriptiver, begriffsorientierter Ansatz vom Standpunkt des Übersetzers.* Termnet, Wien.

Schmitt, P.A. (2002): „Terminologie in der Fachwörterproduktion", in: Mayer, F. / Schmitz, K.-D. / Zeumer, J. (Hrsg.)(2002): *eTerminology. Professionelle Terminologiearbeit im Zeitalter des Internet.* Akten des Symposions. Deutscher Terminologie-Tag e.V. Köln, 12.-13. April 2002, 43-56.

Schmitz, K.-D. (2004): „Terminologiearbeit, Terminologieverwaltung und Terminographie", in: Knapp, K. et al. (eds.): *Angewandte Linguistik. Ein Lehrbuch.* Tübingen: Francke, 435-456.

Simmen, F. (2008): UEFAterm: „Praxiswörterbuch Fußball als kollaboratives Terminologieprojekt", in: Mayer, F. / Schmitz, K.-D. (Hrsg.)(2008): *Terminologie und Fachkommunikation.* Akten des Symposions, Mannheim, 18.-19. April 2008, 101-114.

Wachowius, U. (2002): „Terminologie in der technischen Redaktion: Linguistisches Kapital mit hohem Stellenwert", in: Mayer, F. / Schmitz, K.-D. / Zeumer, J. (Hrsg.)(2002): *eTerminology. Professionelle Terminologiearbeit im Zeitalter des Internet.* Akten des Symposions. Deutscher Terminologie-Tag e.V. Köln, 12.-13. April 2002, 13-18.

Wright, S.E. / Budin, G. (Hrsg.)(1997): *Handbook of Terminology Management.* Vol. 1. Amsterdam, Philadelphia; John Benjamins.

Wüster, E. (1991): *Einführung in die Allgemeine Terminologielehre und die Terminologische Lexikographie.* Bonn: Romanistischer Verlag.

Terminologiemanagement: Luxus oder Muss? Von der Theorie zur Praxis

François Massion

Terminologiemanagement gehört zum täglichen Handwerk des Übersetzers. Oft verbringt er kostbare Zeit mit der Recherche neuer Begriffe oder der Klärung der Bedeutung missverständlicher Termini. Doch wie kann der Übersetzer effektiv Terminologiearbeit betreiben und wie wird sie honoriert?

1 Am Anfang ist das Wort

„Zwischen dem Antriebsaggregat und dem Kettenrad ist eine Sicherheitsrutschnabe mit elektrischer Überwachung eingebaut." Was ist denn eine „Rutschnabe"?!

Gibt es Übersetzungsprojekte ohne Terminologiesuche? Je nach Umfang und Komplexität kann die Recherche 15 bis 30% der Arbeitszeit des Übersetzers ausmachen. Bei manchen Projekten (Teilelisten oder Ähnliches) sogar deutlich mehr. Zeit, etwas zu unternehmen.

Fachtexte, die beim Übersetzer landen, enthalten nicht selten schwer verständliche Benennungen, unnötige Synonyme („Rüttler"/„Vibrator") oder missverständliche Benennungen („Scheibe", Abkürzungen).

Die Übersetzungen nachträglich zu reparieren, kostet immer Geld. In den letzten Jahren ist die Fehlergefahr sogar größer geworden. Durch die Einführung von Content-Management-Systemen geht der Trend dahin, dass Übersetzer nur Teile von größeren Dokumentationen übersetzen. Die übersetzte Enddokumentation wird aus Bausteinen zusammengesetzt. Sie enthält nicht zwangsläufig eine einheitliche Terminologie. Aus lauter Rationalisierungseifer haben die meisten Firmen diesem Aspekt bisher wenig Beachtung geschenkt.

Nicht nur beim Übersetzer entsteht durch problematische Benennungen Mehrarbeit. Eine Dokumentation mit fehlerhaften oder missverständlichen Termini kann bei Kundenanfragen, Bestellungen, Wartungsarbeiten oder Angeboten zu falschen Entscheidungen führen. Es gibt also durchaus finanzielle Folgen, die man bei der Kalkulation der Kosten für ein Terminologiemanagement heranziehen kann. Die Mehrarbeit eines Monteurs oder entgangene bzw. zu ändernde Bestellungen verursachen auch Kosten.

Es führt an einem professionellen Terminologiemanagement kein Weg vorbei. Die Frage ist nur, wer soll das machen, wer soll das bezahlen? Mit der Terminologie sind Firmen, Übersetzungsdienstleister und Übersetzer beschäftigt. Die Versuchung ist groß, die Verantwortung und vor allem die Kosten auf die anderen abzuwälzen.

Da die Welt jedoch ist wie sie ist, ist es ratsam, nicht auf die Lösung aller Fragen zu warten und mit dem Terminologieaufbau bereits jetzt anzufangen. Die Zeit, die man durch eine gut gepflegte Terminologie spart, zahlt sich aus.

2 Der steinige Weg zum Terminologiemanagement

Ziele definieren

Als Übersetzungsdienstleister wird man primär versuchen, für die wichtigsten Kunden eine Terminologie in den gängigen Sprachen aufzubauen und zu pflegen. Mit dieser Terminologie möchte man in erster Linie den Übersetzungsprozess und die Qualitätssicherung unterstützen. Da man meistens in mehreren Sprachen arbeitet und verschiedene Anwender auf diese Terminologie einen Zugriff benötigen, wird man auf die Verwaltung und Verteilbarkeit der Terminologie besonders achten.

Als Fachübersetzer möchte man für seine Stammkunden eine Terminologie haben. Darüber hinaus ist es auch hilfreich, für seine Fachgebiete die wichtigsten Begriffe in einer Terminologiedatenbank zu erfassen.

Wie kann man dabei vorgehen?

Es muss nicht immer Kaviar sein. Auch mit bescheidenen Mitteln lässt sich etwas erreichen. Der Weg zur eigenen Terminologie erfolgt in vier Schritten:

1. Terminologiekonzept definieren (Gestaltung und Umfang des Glossars, Quellen, technische Mittel, Mitwirkende)
2. Ausgangsterminologie extrahieren
3. Übersetzung
4. Verteilung/Verwaltung der Terminologie

Was gehört zu einer Fachterminologie?

Zuerst braucht man ein repräsentatives Korpus für einen Kunden bzw. für ein Fachgebiet. In der Regel fehlt es an Terminologiequellen nicht: Betriebsanleitungen, Ersatzteillisten, Kataloge, Translation Memories. Aus diesen Textbeständen werden Benennungen und Kollokationen extrahiert, die sich eindeutig auf Produkte oder Leistungen des Auftraggebers beziehen, oder allgemein bekannte Wörter, die in Unternehmen eine besondere Bedeutung erhalten, z. B. Zunge, Welle, Wange, Turm, Schnecke usw. Dabei wird man sich nicht auf Wörter einer bestimmten grammatikalischen Kategorie beschränken.

Wie umfangreich können diese Terminologien werden? Größere Unternehmen arbeiten mit 10.000 Einträgen oder mehr (ein bekannter Anlagenbauer hat beispielsweise 65.000 Fachbegriffe erfasst). Wenn man sich zuerst auf die häufigsten Fachbegriffe konzentriert, hat man bereits mit ca. 1.000 Einträgen die wichtigsten Termini für einen Kunden erfasst.

Für die Extraktion der Terminologie der Ausgangssprache gibt es zum einen Programme, die diese Tätigkeit unterstützen. Beispiel: die Lexikonfunktion des Übersetzungsprogramms Déjà Vu. Manche dieser Programme liefern die Häufigkeit der Erscheinung eines Terminus im Text sowie Satzbeispiele. Wenn diese Programme aber nicht vorhanden sind, kann man trotzdem mit sehr einfachen Mitteln zu einer Terminusliste kommen.

So ist es beispielsweise möglich, einen Text in MS-Word zu öffnen und die Leerzeichen durch eine Absatzmarke zu ersetzen. Die Liste lässt sich anschließend alphabetisch sortieren.

Als nächster Schritt folgt Fleißarbeit, nämlich die Bereinigung dieser Liste:

- Duplikate müssen verschwinden
- Synonyme müssen identifiziert werden
- allgemeine Wörter sollten gelöscht werden
- unterschiedliche Wortformen müssen reduziert werden
- bereits bekannte Fachtermini müssen aus der Liste entfernt werden

Duplikate lassen sich problemlos in Excel mit der Funktion „Daten > Filter > Spezialfilter > Keine Duplikate" entfernen.

Was übrig bleibt, sind die Fachtermini, die man für seine Übersetzertätigkeit benötigt.

Was gehört alles zu einem Terminologieeintrag?

Welche Informationen man in einem Firmenglossar erfasst, hängt letztendlich zum einen von der Zielsetzung (Was möchte man mit dem Glossar erreichen?) und zum anderen von der Wirtschaftlichkeit der Terminologiearbeit ab. Die Terminologen eines Großunternehmens erfassen beispielsweise am Tag etwa 20 deutsche Einträge (also ein Kostenfaktor von ca. 18-20 Euro pro Eintrag), weil die Informationsdichte des Eintrags relativ hoch ist.

Dazu kommt der oft unterschätzte Aufwand für die Terminologiepflege, den man grob mit 10% des Gesamtaufwands beziffern kann. Terminologie verändert sich ständig, es entstehen neue Prägungen, oder es fehlen Übersetzungen.

Wichtig ist es, den Anfang zu machen. Es ist zunächst sinnvoll, sich auf einen Minimaleintrag festzulegen, der vielleicht nur den ausgangssprachlichen Terminus, seine Übersetzung und in einigen Fällen optional eine Definition oder einen Beispielsatz, einen Kommentar (z. B. „nur beim Laserverfahren") und möglichst noch einen Status („Freigegeben von: XYZ; Am: 12.12.2005") enthält. Später lassen sich zusätzliche Informationen erfassen.

Wo finde ich die Übersetzung?

Wenn die Liste der Ausgangswörter einmal steht, geht es darum, die passenden Übersetzungen zu finden. Das kann man zum einen während der Übersetzung eines Textes machen. Viele Übersetzungsprogramme wie Trados MultiTerm, Transit von Star, crossTerm oder Déjà Vu bieten die Möglichkeit, während des Übersetzungsvorgangs Einträge in das Wörterbuch aufzunehmen.

Man kann auch die Übersetzung von Fachtermini aus dem Übersetzungsbestand extrahieren. Translation Memories oder Referenztexte sind dafür eine sehr gute Quelle.

Darüber hinaus stehen verschiedene Quellen zur Verfügung, in erster Linie das Internet und die öffentlichen Terminologiedatenbanken wie IATE der EU oder das Logos-Wörterbuch (www.logosdictionary.com). Auch Suchmaschinen wie Google bringen mit der entsprechenden Suchtechnik gute Ergebnisse (siehe auch den Artikel „Terminologieportale mit Mehrwert").

Werkzeuge und Formate

Nach einer gewissen Zeit ist die manuelle Terminologieextraktion (einsprachig/mehrsprachig) oder die einfache Verwaltung von Word- oder Excel-Listen für eine professionelle Terminologiearbeit nicht mehr ausreichend. Dies gilt umso mehr für Übersetzungsdienstleister, die je nach Größe mehrere zehn Tausend Fachbegriffe extrahieren, übersetzen, ihren Status verfolgen und verschiedenen Anwendern zugänglich machen müssen.

Der Markt für Terminologieprogramme ist nicht sehr übersichtlich. Als Erstes liegt es nahe, die Terminologiemodule des eigenen Übersetzungsprogramms zu verwenden. Trados, SDLX, Transit, Déjà Vu, Across oder WordFast bieten Terminologiemodule, die ihren Zweck erfüllen. Damit lässt sich Terminologie während des Übersetzungsprozesses erfassen und verwalten. Während der Übersetzung zeigen diese Module die Begriffe an, die im aktiven Segment vorkommen.

Es gibt sicherlich Unterschiede in der Leistungsfähigkeit dieser Programme. Zum einen betreffen sie die Erfolgsquote bei der einsprachigen und der mehrsprachigen Terminologieextraktion. Besonders bei der mehrsprachigen Extraktion sind die Ergebnisse häufig nicht sehr berauschend. Die besten Ergebnisse bringen Werkzeuge, die linguistische Analysen und statistische Methoden verknüpfen. Die Fähigkeit dieser Programme, unterschiedliche Wortformen zu erkennen, beschränkt sich jedoch auf einige verbreitete Sprachen.

Als Austauschformat für Terminologiebestände empfiehlt die LISA (www.lisa.org) das XML-basierte TBX (TermBase eXchange)-Format, das inzwischen von Anbietern von Translation-Memory-Technologien unterstützt wird. Andere Formate sind OLIF oder CSV.

Terminologieprogramme

Es gibt viele bekannte und weniger bekannte Terminologieprogramme auf dem Markt. Neben den Terminologieprogrammen, die im Übersichtsartikel von Uta Seewald-Heeg behandelt werden, gibt es weitere Werkzeuge mit Extraktionsfunktion, die in Leistungsumfang und Kosten deutliche Unterschiede aufweisen (vgl. Tab. 1).

Was kostet die Terminologiearbeit?

Bei den Kosten für die Terminologiearbeit fallen verschiedene Komponenten an:

- Extraktion der Ausgangstermini
- Übersetzung
- Erfassung zusätzlicher Daten entsprechend der Glossarstruktur
- Verwaltung und Pflege

Produkt	Beschreibung	Adresse
acrolinx® Terminology Lifecycle Management	Terminologieextraktion und -verwaltung, Terminologieplattform	www.acrolinx.com
Across crossTerm	System für die Extraktion, Verwaltung und Prüfung von Terminologie.	www.across.net
CATS	Terminologieerfassung und Verwaltung. Prof. Schmitt, Uni Leipzig	www.cats-term.com
Concordance	Einsprachige Terminologieextraktion mit Satzbeispielen, preiswert	www.concordancesoftware.co.uk
Extphr33	Einsprachige Terminologieextraktion, kostenlos	publish.uwo.ca/~craven/freeware.htm
Heartsome Dictionary Editor	XML-basiertes Wörterbuch mit Extraktionsfunktion. Heartsome	www.heartsome.net
KWIC Concordance	Korpusstatistik, Konkordanz, kostenlos	www.chs.nihon-u.ac.jp/eng_dpt/tukamoto/kwic_e.html
Linguo	Selbständiges Terminologieverwaltungsprogramm, Export nach TMX + Text, Integrierbar in Word	www.lexicool.com
Lookup	Internetfähige Terminologieplattform, Kaufversion + Mietsoftware	www.dog-gmbh.de
MultiTerm und MultiTerm Extract 9	Von SDL Trados angeboten. Integriert in Trados-Technologie. Mehrsprachig	www.sdl.com
SDLX Phrase Finder	Terminologieextraktion mit linguistischen Fähigkeiten. Für sieben Sprachen verfügbar	www.sdl.com
Similis	Automatisches bilinguales Extraktionsprogramm. Gute Ergebnisse	www.lingua-et-machina.com
Synchroterm	Zweisprachige Terminologieextraktion semi-automatisch, effizient	www.terminotix.com www.dog-gmbh.de
TermiDOG	Zweisprachige Terminologieextraktion semi-automatisch. Für kleine Projekte	www.dog-gmbh.de
Terminology Extractor	Einsprachige Extraktion von Terminologie	www.chamblon.com/ terminologyextractor.htm
TermStar	Terminologiemodul von Star Transit	www.star-ag.ch
Textanz	Einsprachige Terminologieextraktion mit Kontextangabe	www.cro-code.com
Textstat	Statistische Textanalyse, kostenlos	www.niederlandistik.fu-berlin.de/textstat/
Tippyterm	Add-on zu MS-Office-Anwendungen, editierbares Wörterbuch	www.syskon.com
Webterm	Internetfähige Terminologieplattform von Star AG	www.star-ag.ch
Xerox TermFinder	Terminologieextraktion	www.xerox.com

Tab. 1: Terminologieprogramme mit Extraktionsfunktion.

Wer eine gewisse Routine entwickelt hat und über entsprechendes Referenzmaterial verfügt, kann in etwa 10-25 Terminuspaare (Ausgangssprache/ Zielsprache) pro Stunde erfassen. Das sind aber durchschnittliche Werte. Wenn ein Übersetzer sich 20 Minuten lang mit einer Recherche im Internet beschäftigt hat, um am Ende 1-2 Euro für seinen Eintrag zu erhalten, kann er von Hartz IV nur träumen.

Damit hat man eine erste Basis für die Ermittlung der Kosten eines Terminuspaars. Wenn weitere Informationen erfasst werden müssen (Quelle, Definition, Beispiel usw.), steigen die Kosten dementsprechend.

Während die Übersetzungspreise am Markt relativ gut definiert sind (pro Wort oder Abrechnungszeile), gibt es keine allgemeingültige Regel für die Abrechnung von Terminologie. Manche fassen 2 Termini zu einem Abrechnungssatz zusammen, manche zahlen einen Aufschlag auf den üblichen Wortpreis, manche rechnen die Terminologiearbeit auf Stundenbasis ab und manche zahlen für Terminologiearbeit gar nichts. Es ist oft eine Frage der Verhandlungssituation.

3 Zusammenfassung

Eines steht fest. Für alle Beteiligten (Übersetzer, Dienstleister, Firmen) bietet ein effizientes Terminologiemanagement nur Vorteile. Es liegt also nahe, dass man sich zusammensetzt und über eine kooperative Arbeitsweise spricht, bei der jeder seinen Teil beiträgt. Man braucht nicht für jede Sprache erneut die Ausgangstermini zu extrahieren. Man kann von nützlichen Hinweisen des Übersetzers profitieren, um seine Terminologie von Synonymen oder missverständlichen Benennungen zu bereinigen. So vermeidet man redundante Arbeit und kommt schneller und kostengünstiger zum Ziel.

Terminologieverwaltungssysteme

Uta Seewald-Heeg

1 Terminologieverwaltung mit System

Gut gepflegte Terminologie ist im Bereich der Technischen Redaktion, der Übersetzung und der Lokalisierung eine zentrale Voraussetzung qualitativ hochwertiger Produkte. Um hohe Qualität zu erzielen, müssen neue Fachwörter möglichst bald nach ihrer Entstehung erfasst, ihre Bedeutung geklärt bzw. festgelegt und anschließend allen am Produktentwicklungsprozess Beteiligten umgehend zugänglich gemacht werden. Hierzu ist ein strukturiertes Terminologiemanagement notwendig, das den Einsatz spezieller Terminologieverwaltungssysteme erfordert. Aber nicht nur in großen Unternehmen und Sprachendiensten trägt Terminologiemanagement zur Produktgüte bei und führt zu höherer Effizienz im Arbeitsablauf von Projekten, auch Einzelübersetzer und Terminologen können in hohem Maße vom Einsatz professioneller Terminologieverwaltungssysteme profitieren.

Wenn Terminologie in Word- oder Excel-Dateien schlummert, lässt sich beim Übersetzen oft nur mühevoll auf sie zugreifen, geschweige denn eine Konsistenzprüfung durchführen. Daher gibt es mittlerweile eine Vielzahl von Terminologieverwaltungsprogrammen, die als Komponenten von Translation-Memory-Systemen erhältlich sind oder Schnittstellen zu bestimmten Translation-Memory-Produkten bieten. Daneben werden auch selbständige Terminologieverwaltungssysteme (TVS) angeboten, die zum Teil über offene Schnittstellen an unterschiedliche Anwendungen angebunden werden können.

Terminologieverwaltungsprogramme sind Softwareprodukte, die eigens für die Verwaltung terminologischer Datenbestände am Arbeitsplatz von Übersetzern, Terminologen, Technischen Redakteuren und anderen Sprachexperten entwickelt wurden. Im Unterschied zu terminologischen Sammlungen in Word- oder Excel-Dateien verfügen Terminologieverwaltungssysteme über speziell für die Verwaltung von Terminologie erforderliche Funktionen. Sie bieten in der Regel zahlreiche Such- und Filterfunktionen, sehen die Möglichkeit des Imports und Exports von Datenbeständen in unterschiedlichen Formaten vor und sind vielfach mit Schnittstellen zu Texteditoren wie Word, zu Redaktions- oder zu Translation-Memory-Systemen ausgestattet. Für einzelne Terminologiebestände, die in separaten Dateien gespeichert sind, ist je nach Hersteller die Bezeichnung Datenbank, Wörterbuch oder die aus dem Englischen entlehnte Bezeichnung Termbank üblich.

Die Entwicklung von Computerprogrammen zur Terminologieverwaltung begann in den sechziger Jahren, als in den Sprachendiensten internationaler Organisationen erste Terminologieprogramme auf Großrechnern eingesetzt wurden. Inzwischen enthält die Palette an Terminologieprogrammen eine Vielzahl an Systemen, die in ihren Grundfunktionen zum Teil sehr ähnlich sind, hinsichtlich ihrer Konzeption allerdings häufig große Unterschiede aufweisen. Einige der heute verfügbaren Terminologieverwaltungssysteme sind als Komponenten von Translation-Memory-Systemen (TM) erhältlich, andere werden als unabhängige Systeme oder als selbständig einsetzbare Systemkomponenten angeboten. Neben Systemen, die nur als Einzelplatzsysteme zur Verfügung stehen, bieten zahlreiche Hersteller ihre Produkte auch als sogenannte *Client-Server*-Architekturen an, bei denen die Kernanwendung und gemeinsam zu nutzende Daten auf einem zentralen Dienstrechner (*Server*) installiert werden, während die einzelnen mit dem Server durch ein Netzwerk verbundenen Nutzer auf ihren Arbeitsplatzrechnern lediglich über Schnittstellen verfügen, mit denen auf zentrale Daten zugegriffen werden kann. Im Zeitalter des Internets, räumlich oft weit auseinanderliegender Projektgruppen und der weltweiten Vernetzung von Übersetzungsarbeitsplätzen spielen Systeme, auf deren Terminologiebestände über Web-Clients, d.h. allein mit Browsersoftware wie Firefox oder Internet Explorer, zugegriffen werden kann, mittlerweile eine besondere Rolle.

Seit Anfang der 90er Jahre dominieren Terminologieverwaltungsprogramme unter Windows. Mittlerweile bieten einzelne Hersteller ihre Anwendungen aber auch für andere Betriebssystemplattformen wie MacOS oder Linux an. Da mit Vista ein weiteres Windows-Betriebssystem hinzugekommen ist und auch nach Windows 7 mit weiteren Betriebssystementwicklungen zu rechnen ist, müssen die Anforderungen der Terminologiesysteme an Systemsoftware ebenso wie an Festplatten- und Arbeitsspeicher stets genau mit den jeweils verfügbaren technischen Ressourcen abgeglichen werden, bevor eine Kaufentscheidung gefällt wird.

Die Unterschiede zwischen den einzelnen Systemen lassen sich am besten ausgehend von den Grundkonzepten computergestützter Terminologieverwaltung darstellen, die nachfolgend kurz skizziert werden.

2 Grundlegende Konzepte computergestützter Terminologieverwaltung

Terminologieverwaltungssysteme lassen sich nach verschiedenen Kriterien unterscheiden: Dabei spielt das den Systemen zugrunde liegende **Sprachkonzept** (sprachpaarorientiert gegenüber mehrsprachig) ebenso eine Rolle wie die Art der **Eintragsstruktur**, d.h., ob die Eintragsmaske vom Hersteller festgelegt wurde oder ob Felder vom Benutzer modifizierbar oder gar frei definierbar sind, sowie das **Eintragsmodell**[1], d.h. die Möglichkeit einer begriffsorientierten Datenhaltung.

Beschränkt sich die translatorische Tätigkeit im Wesentlichen auf ein Sprachpaar, kann eine sprachpaarorientierte Datenhaltung ausreichend sein. Allerdings bieten die meisten TVS heute eine mehrsprachige Datenhaltung an. Darin unterscheiden sie sich beispielsweise von elektronischen Wörterbüchern, in die Benutzer zum Teil ebenfalls eigene Einträge aufnehmen können.

Eine saubere begriffsorientierte Terminologiearbeit ermöglichen nur Systeme, bei denen zwischen einer Begriffsebene und einer Benennungsebene unterschieden wird. Den meisten Herstellern von TVS ist die Forderung nach Begriffsorientierung heute zwar bekannt, eine konsequente Implementierung dieses Ansatzes findet sich dennoch nicht in allen Systemen. Darüber hinaus gehen Entwickler von TVS zuweilen äußerst nachlässig mit der Terminologie der Terminologie um, was sich negativ auf die Benutzertauglichkeit der betreffenden Systeme auswirkt. Letztlich sind die Voraussetzungen für eine den Grundregeln der

---

[1] In SDL MultiTerm wird die Bezeichnung „Eintragsmodell" allerdings eingeschränkt auf die Festlegung der Anordnung der Felder der Eingabemaske verwendet (vgl. auch Abb. 12).

Terminologielehre folgenden Datenhaltung erst dann geschaffen, wenn auch die Bezeichnungen „Begriff" und „Benennung" in einem System sauber auseinandergehalten werden.

Begriffsorientierung ist nicht nur eine Anforderung an TVS, die allein der Theorie wegen formuliert wird. Gerade in der Praxis bietet eine den Regeln der Begriffsorientierung folgende Terminologieverwaltung wesentliche Vorteile: Terminologiesysteme, die eine begriffsorientierte Datenhaltung vorsehen, ermöglichen, dass unterschiedliche Begriffe mit homonymen Benennungen in verschiedenen Einträgen (Datensätzen) abgespeichert werden können, also beispielsweise ein Eintrag „Maus" für das Tier und ein weiterer Eintrag für das Eingabegerät (vgl. Abb. 1). Darüber hinaus sollte es möglich sein, synonyme Benennungen eines Begriffs im selben Eintrag, aber in jeweils eigenen indexierten Benennungsfeldern (siehe Abb. 2) zu hinterlegen, wie *Leichtmetallscheibenrad*, *Aluminiumscheibenrad* oder *Aluminium-Scheibenrad* für *Aluflege*, um beispielsweise auf Vorzugsbenennungen aufmerksam machen zu können oder fremdsprachige Äquivalente einzelner Bezeichnungen auch über synonyme Termini ermitteln zu können.

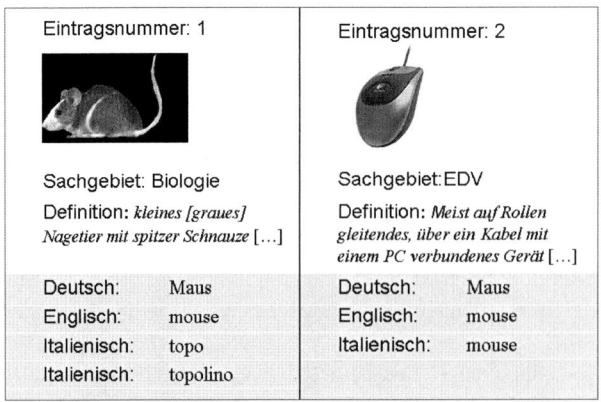

Abb. 1: Beispiel für begriffsorientierte Datenhaltung.

Grundsätzlich sollte ein Terminologieverwaltungsprogramm die Möglichkeit bieten, Informationen **hierarchisch** in Informationsblöcken anzuordnen (Abb. 3), so dass begriffsbezogene Informationen wie beispielsweise Angaben zum Fachgebiet oder definitorische Hilfsmittel wie Abbildungen auf der Begriffsebene abgelegt werden können (vgl. Abb. 4) und nicht jeder Benennung einzeln zugeordnet werden müssen, was zu Redundanzen und zu Inkonsistenzen im Datenbestand führt. Definitionen, die der sprachlichen Beschreibung und Eingrenzung eines Begriffs dienen, gehören in einer Terminologiedatenbank entsprechend ihrer Funktion streng genommen auf die Begriffsebene. Da Definitionen aber immer in einer bestimmten Sprache verfasst werden, ist es gute Praxis, sie auf der Ebene der jeweiligen Sprache anzulegen (siehe Abb. 3).

Mit einer dreigliedrigen **Eintragsstruktur** mit jeweils separaten Ebenen zur Beschreibung des Begriffs (Begriffsebene), der sprachspezifischen Besonderheiten, die alle Termini einer bestimmten Sprache betreffen (Sprachebene), sowie einer Ebene zur Beschreibung jedes einzelnen Terminus (Terminusebene) erfüllt ein System die Anforderungen an eine begriffsorientierte Terminologiearbeit.

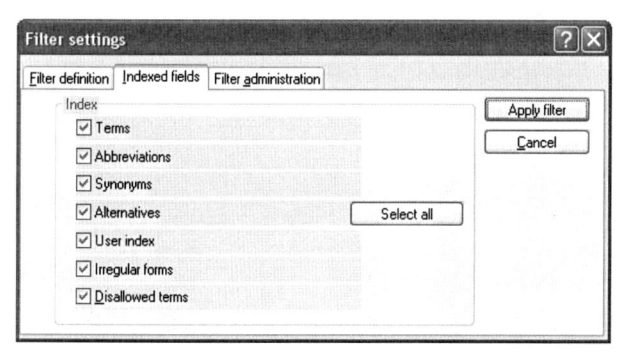

Abb. 2: Festlegung von Indexfeldern für Termini in TermStar NXT.

Daher ist diese Gliederung[2] auch in den von der Arbeitsgruppe OSCAR der LISA (Localization Industry Standards Association) veröffentlichten Terminologiestandard TBX (TermBase eXchange)[3] eingeflossen, der auch als ISO 30042 zugänglich ist.

---

[2] Die Struktur bzw. das strukturelle Metamodell für terminologische Auszeichnungssprachen werden in der ISO 16642:2003, Computer Applications in Terminology TMF (Terminological Markup Framework) beschrieben.
[3] Vgl. die TBX-Spezifikation unter www.lisa.org/TBX-Specification.33.0.html [20.01.2009].

Abb. 3: Hierarchische Grundstruktur terminologischer Einträge.

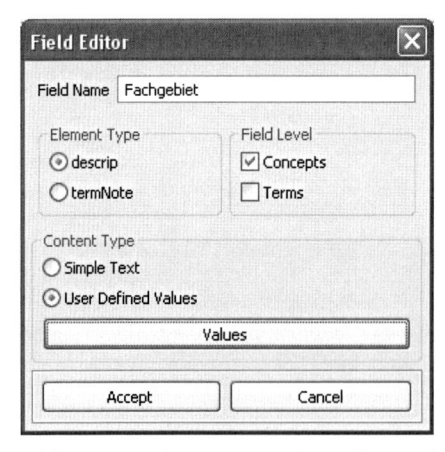

*Abb. 4: Festlegung von begriffs- und terminusbezogenen Informationen als Informationseinheiten in TBX im **Heartsome Dictionary Editor**.*

Ferner sollte ein Terminologieverwaltungsprogramm, das bei der Redaktion oder beim Übersetzen von Texten einbezogen wird, die Möglichkeit vorsehen, dass verschiedene Typen von Benennungen, wie Hauptbenennung, Abkürzung, Synonym, Variante, Kurzform usw., als selbständige Teileinheiten des terminologischen Eintrags, d.h. in separate indizierte Felder aufgenommen werden können. Hier zeigt sich allerdings, dass häufig auch in jenen Fällen, in denen Terminologieprogramme diese Möglichkeit bieten, Nutzer dieses Prinzip der **Benennungsautonomie** unterschiedlicher einzelsprachiger Benennungen eines Begriffs nicht berücksichtigen (vgl. Abb. 5).

Datenkategorien wie z.B. „Kontext" oder „Quelle", die in Terminologieverwaltungsprogrammen als beschreibende Felder angelegt werden, sollten in einem flexibel einsetzbaren System darüber hinaus wiederholt werden können, um bei Bedarf mehrere Kontextstellen eines Terminus im System hinterlegen zu können. Da sowohl die Termini selbst als auch Kontextangaben und Definitions-

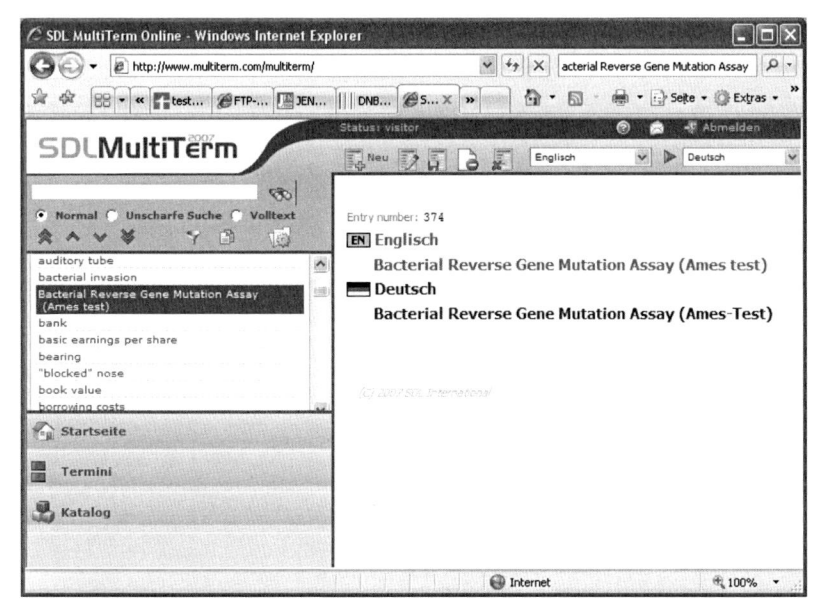

Abb. 5: Terminologischer Eintrag in **SDL MultiTerm Online** *mit Verstoß gegen die Benennungsautonomie.*

texte häufig Dokumenten entnommen sind, deren Quellen zur besseren Recherchierbarkeit im Terminologieverwaltungssystem nachgewiesen werden sollten, ist es sinnvoll, Datenkategorien wie „Quelle" mit verschiedenen anderen Kategorien kombinieren zu können (vgl. Abb. 3) und die Zugehörigkeit zu den jeweiligen übergeordneten Datenkategorien optisch über eine weitere hierarchische Stufe sichtbar machen zu können.

In verschiedenen Systemen lassen sich die **Eingabefelder** für unterschiedliche Informationen typisieren, so dass nur Daten eines bestimmten Typs in einem Feld zugelassen werden können. Während die Felder, die den eigentlichen terminologischen Eintrag aufnehmen, indexiert sein müssen, damit auf sie bei Sortierroutinen und Suchanfragen zugegriffen wird, kann der Inhalt beschreibender Felder zum Teil hinsichtlich des Datentyps vom Benutzer festgelegt werden. Die größte Vielfalt an Datentypen bietet hier gegenwärtig SDL Multi-Term. Hier können neben Textfeldern, die alle Systeme zur Beschreibung von Termini bieten, auch Felder mit Auswahllisten[4] verschiedener Werte hinterlegt werden, Felder, die ausschließlich binäre Werte erlauben[5], Datumsangaben, numerische Werte[6] sowie Felder, die Ton- und Bilddokumente aufnehmen können.

Felder mit Auswahllisten (vgl. Abb. 6) bieten ein wesentliches Hilfsmittel, eine größere Konsistenz bei der Beschreibung von Termini zu erzielen und darüber hinaus auch die manuelle Eingabe terminologischer Daten zu beschleunigen. So kann etwa für die Angabe der Wortart eine Liste möglicher Wortartbezeichnungen vorgegeben werden. Auf diesem Wege wird sichergestellt, dass beispielsweise Substantive immer mit der gleichen Wortartbezeichnung gekennzeichnet werden, was die Voraussetzung schafft, mittels eines Filters nach allen Substantiven eines Datenbestands suchen zu können. Eine derartige Suche würde nur einen Teil der Substantive eines Terminologiebestands ermitteln, wenn diese einmal mit „N", ein anderes Mal mit „Nomen" und wieder ein anderes Mal mit „Subst" usw. gekennzeichnet worden wären.

Datensätze enthalten neben den Feldern zur Aufnahme der Termini und den beschreibenden Feldern immer auch Felder zur Angabe administrativer Daten, wie die Eintragsnummer, das Datum des Anlegens oder Bearbeitens eines Eintrags und den Bearbeiter. Diese Angaben werden in der Regel vom System automatisch angelegt (Abb. 7) und können je nach System beim Durchblättern der Einträge sichtbar gemacht und z.B. beim Export der Daten als Information mit ausgelesen werden.

---

[4] In SDL MultiTerm als „Picklist" bezeichnet.
[5] Ein Feld mit dem Datentyp „Boolean" kann in SDL MultiTerm die Werte „yes" und „no" annehmen.
[6] In SDL MultiTerm ein Feld mit der Datentypsbezeichnung „Number".

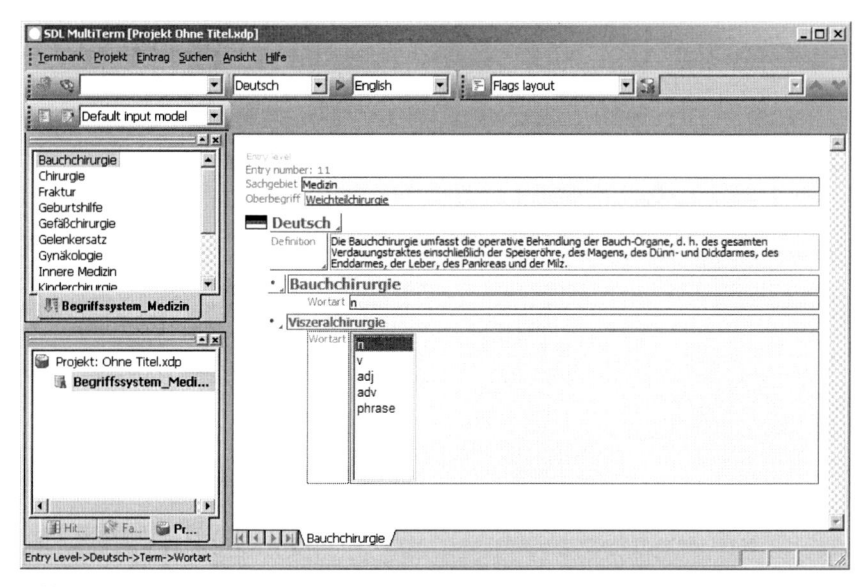

*Abb. 6: Eingabemaske in **SDL MultiTerm** mit Feld zur Angabe der Wortart, für das eine Auswahlliste hinterlegt wurde.*

Ob auf den Aufbau von Eingabemasken und die Eingabestruktur vom Benutzer Einfluss genommen werden kann, hängt davon ab, ob das betreffende System die Möglichkeit bietet, den Aufbau bzw. die Struktur von Eingabemasken selbst festzulegen (definierbare Eintragsstruktur) oder ob diese vom System vorgegeben sind (festgelegte Eintragsstruktur).

Die Beschaffenheit von **Eingabemasken**, seien sie nun vom System vorgegeben oder durch den Nutzer selbst definiert worden, kann entscheidend für eine zügige Aufnahme von Termini und deren Beschreibungsmerkmalen sein.

Grundsätzlich können Eingabemasken mit einer Vielzahl an beschreibenden Kategorien vorgesehen werden, die aber möglicherweise nicht in jeder Situation oder bei jeder Datenaufnahme alle erfasst werden müssen. Andererseits kann der Wunsch bestehen, dass jeder Terminus eines Datenbestands mit bestimmten Angaben versehen wird. Wenn Felder für derartige Aufgaben als obligatorisch gekennzeichnet werden können, so dass ein Abspeichern des Datensatzes nur dann möglich ist, wenn die betreffenden Informationen auch tatsächlich hinter-

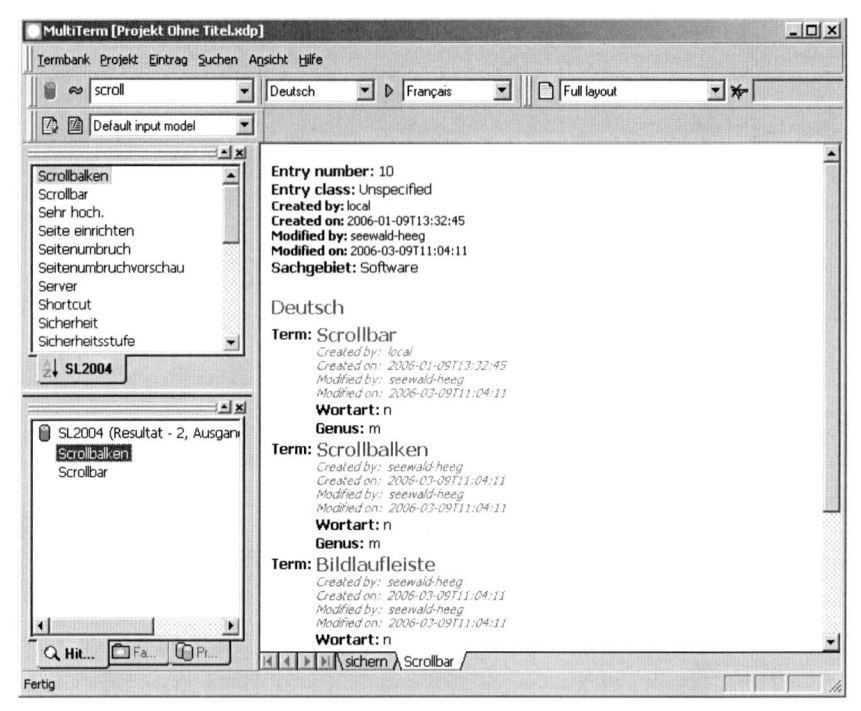

*Abb. 7: Darstellung eines Eintrags mit administrativen Feldern in **MultiTerm**.*

legt wurden, kann für einen einheitlichen Datenbestand Sorge getragen werden. Ferner erleichtert die Möglichkeit, die einzelnen Eingabefelder mit der Tabulatortaste der Reihe nach zu aktivieren, die Aufnahme von Termini und erhöht die Arbeitsgeschwindigkeit. Je weniger Mausklicks bei der Bearbeitung terminologischer Einträge erforderlich sind, desto effizienter ist die Datenerfassung, vorausgesetzt, auch die übrigen bereits genannten Kriterien fanden bei der Konzeption des betreffenden Terminologieverwaltungssystems Berücksichtigung. Auch eine Dublettenkontrolle, d.h. eine Kontrolle über doppelte Einträge, die den Nutzer bereits bei der Eingabe darauf aufmerksam macht, dass eine gleichlautende Benennung im Terminologiebestand vorhanden ist und daher unter Umständen einem Terminus lediglich ein weiteres Äquivalent oder eine andere Beschreibung hinzugefügt werden muss, sofern es sich nicht um verschiedene Begriffe handelt, sind für eine professionelle Terminologiearbeit von hohem Wert.

Viele Praktiker, die als freie Übersetzer tätig sind, oder kleine Dienstleistungsunternehmen wenden häufig ein, ihnen bleibe nicht ausreichend Zeit für die Terminologiearbeit, weshalb ihnen eine nach Gesichtspunkten der an der Terminologielehre orientierten praktischen Terminologiearbeit nicht möglich sei. Ferner seien ihre Bedürfnisse im Bereich der Terminologiearbeit auf das Erfassen von Äquivalenten beschränkt. Diese Argumente sollten jedoch das Einbeziehen von professionellen Terminologieverwaltungslösungen nicht von vorneherein ausschließen; denn auch kleinere Lösungen, insbesondere wenn sie die Anbindung an Translation-Memory-Systeme erlauben, tragen zur Sicherung der Konsistenz von Dokumenten bei. Jede Lösung, die ein Filtern von Datenbeständen erlaubt und eine strukturierte Suche nach Termini während des Übersetzens möglich macht, ist daher einer „Terminologiesammlung" in Word- oder Excel-Listen überlegen.

3 Terminologieverwaltungsprogramme

Nachfolgend werden exemplarisch Vertreter der verschiedenen Typen von Terminologieverwaltungsprogrammen genannt. Die Funktionalitäten der einzelnen hier aufgeführten Systeme beschreiben dabei die Bandbreite dessen, was im Bereich computergestützter Terminologieverwaltung kommerziell verfügbar ist.[7] Im Rahmen von Aktualisierungen und Neuversionen wird der Funktionsumfang von Werkzeugen oder einzelner Komponenten vielfach erweitert, so dass im Vorfeld der Anschaffung eines Systems stets erneut überprüft werden muss, ob die jeweils verfügbaren Versionen der zum Kaufzeitpunkt erhältlichen Systeme die an ein TVS gestellten Anforderungen erfüllen.[8] Die hier aufgeführten Besonderheiten einzelner Systeme sowie die Unterschiede zwischen verschiedenen Systemtypen können daher auch Anhaltspunkte liefern für Kriterien eines Evaluierungsszenariums, das durchlaufen wird, um eine Kaufentscheidung zu fällen.

---

[7] Stand der Beobachtung: Jahreswechsel 2008/2009.
[8] So kündigte SDL beispielsweise bereits im November 2008 eine neue Generation seiner Trados- und SDLX-Übersetzungsumgebungen an, die mit zahlreichen neuen Funktionen unter dem Namen SDL Trados Studio 2009 mittlerweile auf dem Markt ist.

3.1 Selbständige Terminologieverwaltungsprogramme ohne Anbindung an Translation-Memory-Systeme

Selbständige TVS ohne Anbindung an Translation-Memory-Systeme sind Terminologieprogramme, die unabhängig von einer Übersetzungsumgebung konzipiert wurden. Stellvertretend für diese Programmgruppe seien im Rahmen dieses Beitrags zwei konzeptionell unterschiedliche Systeme genannt: GFT-DataTerm 3.2.Net von GFT sowie sein Nachfolger GFT-DataTerm .net 2009 (www.gft-dataterm.de) und UniTerm Pro von Acolada (www.acolada.de).

GFT-DataTerm 3.2.Net ist ein im Kern sprachpaarorientiertes System mit einem benennungsorientierten Ansatz, das durch eine Eingabemaske und Suchmöglichkeiten in allen Feldern der Maske eine Erweiterung einer Datenhaltung in Excel bietet. Durch die Beschränkung dieser Version auf eine benennungsorientierte Datenhaltung, die beispielsweise nicht erlaubt, verschiedene Einträge für homonyme Termini unterschiedlicher Fachgebiete, d.h. also verschiedene Begriffe, aufzunehmen, ist allerdings nur ein eingeschränkter Nutzen beim Zugriff auf Terminologie aus GFT-DataTerm 3.2 möglich. Aus diesem Grund erfolgte mittlerweile auch eine grundlegende Neukonzeption des Systems unter dem Namen **GFT-DataTerm .net 2009**, die nun auch eine begriffsorientierte Datenhaltung erlaubt und die Möglichkeit vorsieht, eine Graphik und mehrere Definitionen in unterschiedlichen Sprachen auf Begriffsebene abzulegen, sowie die Verwaltung von Synonymen unterstützt (Abb. 8). Dadurch, dass für die Felder „Fachgebiet", „Kunde", „Wortart", „Genus" und „Numerus" Wertelisten hinterlegt werden können, ist eine effiziente manuelle Aufnahme von Termini möglich. Daneben ist auch ein Import von Terminologie aus CSV-Dateien möglich. **GFT-DataTerm .net 2009** kann mit dem herstellereigenen Redaktionswerkzeug *GFT RedaktionsSystem XML* kommunizieren, so dass der Redakteur die Möglichkeit hat, aus dem Redaktionssystem heraus Termini anzulegen, zu suchen, Terminologie zu prüfen und zu korrigieren.

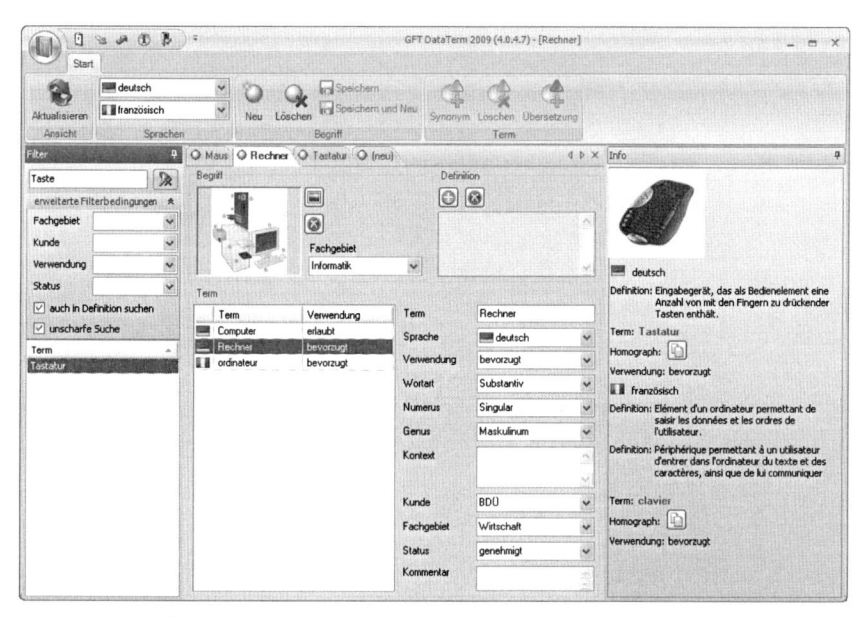

*Abb. 8: Oberfläche von **GFT-DataTerm .net 2009** mit Funktionsleiste (oben), Such- und Navigationsfenster (links), Eingabemaske (Mitte) und Informationsfeld mit dem jeweils selektierten Eintag (rechts).*

UniTerm Pro von Acolada hat seine Ursprünge u. a. in der professionellen Wörterbuchproduktion und ist daher mit umfangreichen Funktionen für die Terminologieverwaltung ausgestattet. Mit **Uniterm Pro** erstellte Terminologiebestände können unmittelbar als Benutzerwörterbücher der Unilex-Fachwörterbücher verwendet werden, ebenso wie mit **UniTerm Light**, der gegenüber **UniTerm Pro** vereinfachten, kostenfreien Version, die speziell als Editor der UniLex-Pro-Wörterbuch-Oberfläche entwickelt wurde. Das System hat eine dreigliederige Eintragsstruktur und ist vollständig begriffsorientiert aufgebaut. Neben einer Ebene zur Beschreibung des Begriffs, auf der unter anderem mehrere Abbildungen und andere Multimediadateien abgelegt werden können, verfügt **UniTerm Pro** auch über eine Beschreibungsebene auf der Ebene der Einzelsprache (Abb. 9). Damit können Definitionen, die aus pragmatischen Gründen häufig in den jeweiligen im System verwalteten Einzelsprachen abgelegt werden, den einzelnen terminologischen Benennungen einer Sprache übergeordnet werden.

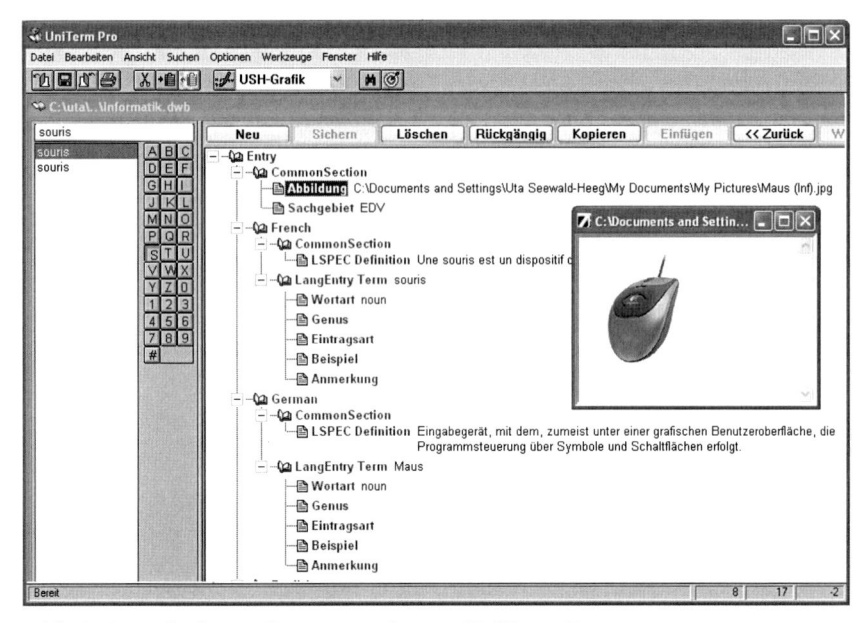

*Abb. 9: Dreigliedriger Eintragsstruktur in **UniTerm Pro**.*

In **UniTerm Pro** können sowohl Felder mit Auswahllisten für bestimmte Werte angelegt als auch Felder mit einem Wert vorbelegt werden, der bei der Aufnahme eines neuen Terminus gegebenenfalls ohne Bearbeitung übernommen werden kann. In zahlreichen Textfeldern können auch Querverweise auf andere Einträge der Datenbank angelegt werden. Um die Datenbank bei der Verwendung von Verweisen auch dann konsistent zu halten, wenn Einträge gelöscht werden und Verweise dadurch unter Umständen nicht mehr auf einen Eintrag referieren, bietet **UniTerm Pro** auch eine Funktion zur Überprüfung solcher Verweise an.

Die Reihenfolge der Sprachen lässt sich bei **UniTerm Pro** benutzerspezifisch festlegen. Unabhängig von dieser Reihenfolge wird bei der Terminussuche die Sprache des Terminus, nach dem gesucht wurde, in der Ansicht von **UniTerm Pro** jeweils oben angeordnet.

3.2 Terminologieverwaltungssysteme mit Schnittstellen zu TM-Systemen

Lösungen zur professionellen Terminologieverwaltung, die in eine TM-Umgebung eingebunden, aber auch außerhalb des Kontextes von Übersetzung und Lokalisierung und somit als eigenständige Systeme eingesetzt werden können, sind SDL MultiTerm (www.trados.com) sowie TermStar NXT von Star (www.star-group.net). MultiTerm kann in die TM-Produkte von SDL, Trados Workbench und SDLX, bzw. seit der Version 2009 in SDL Trados Studio eingebunden werden, und TermStar NXT kommuniziert mit Transit NXT.

Sowohl **MultiTerm** (Abb. 10) als auch **TermStar** (Abb. 11) sehen drei Ebenen zur Beschreibung von Termini vor. Dennoch bieten auch diese Systeme keinen vollständigen Schutz vor Redundanzen oder inkonsistenten Einträgen. Wichtig ist, dass sich der Terminologe bei der Erstellung der Eingabemasken den Regeln der Begriffsorientierung unterwirft, sofern er keine der im Lieferumfang enthaltenen Eingabemasken nutzt.

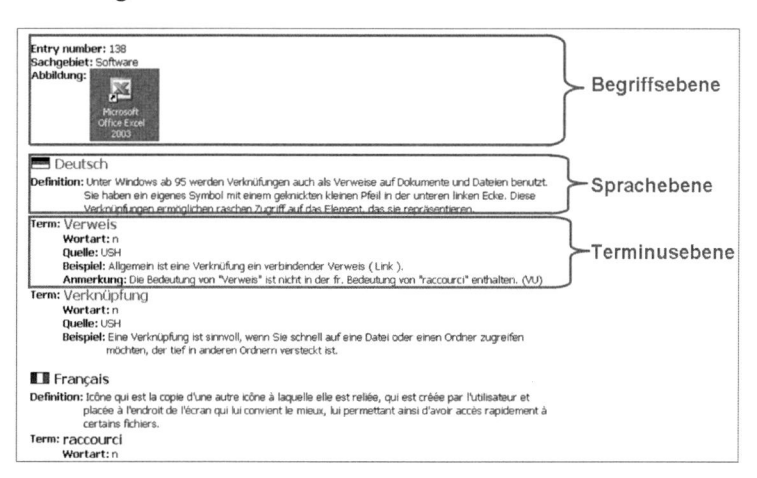

Abb. 10: Dreigliedrige Eintragsstruktur in MultiTerm.

Sowohl bei **MultiTerm** (Abb. 12) als auch bei **TermStar** (Abb. 13) können Feldern Wertelisten hinterlegt und Felder mit Standardinhalten vorbelegt werden.

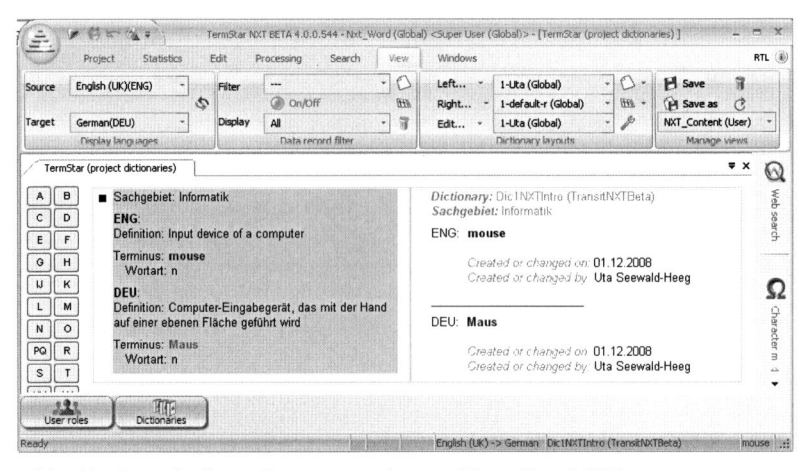

*Abb. 11: Dreigliedrige Eintragsstruktur in **TermStar NXT**.*

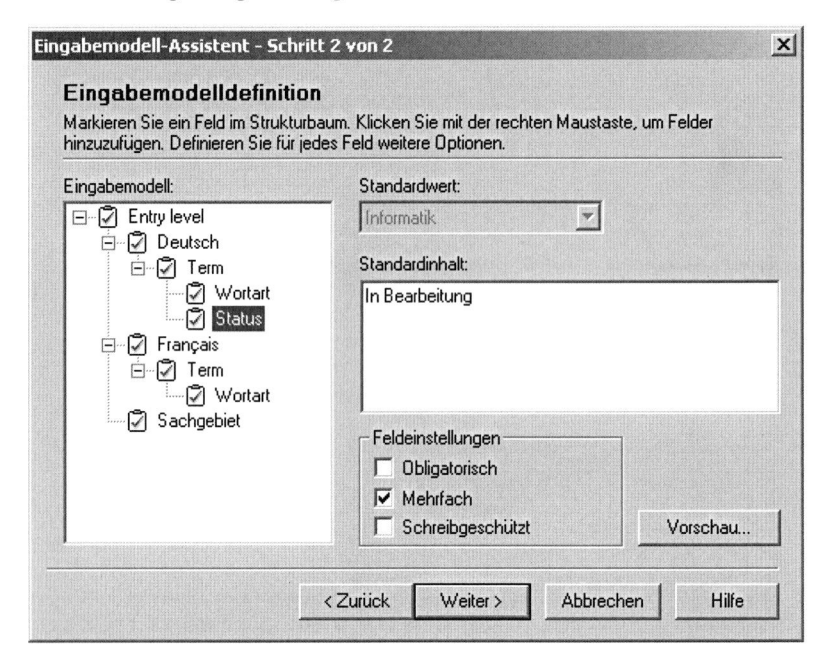

Abb. 12: Vorbelegung von Feldern bei der Definition des Eingabemodells in MultiTerm.

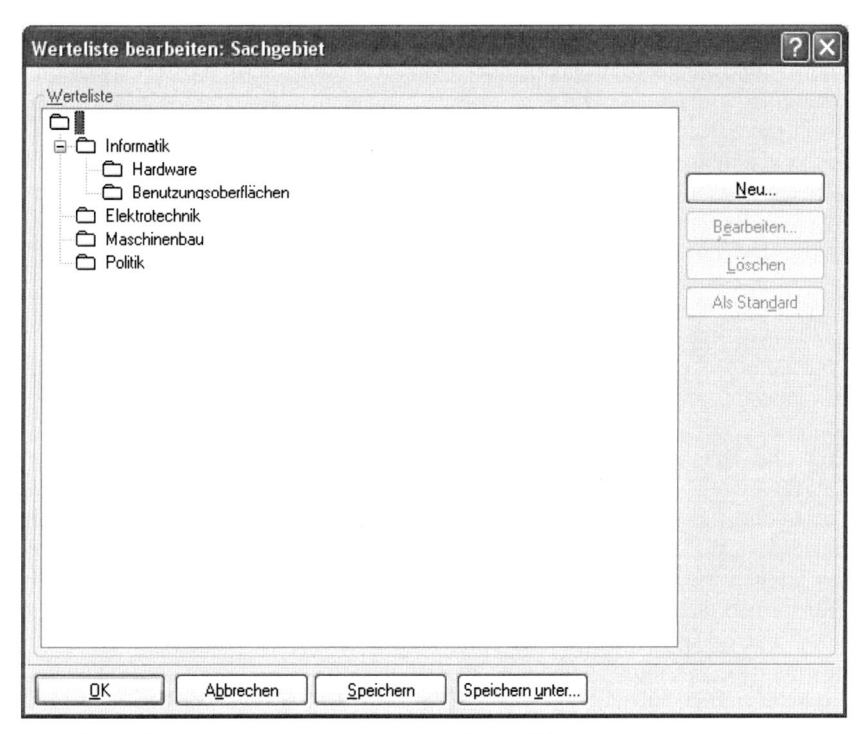

Abb. 13: Anlegen einer Werteliste in TermStar NXT.

Neben Feldern zur Aufnahme von Text und vordefinierten Attributwerten bieten **MultiTerm** und **TermStar** die Möglichkeit, auf der Begriffsebene auch Abbildungen und andere Multimediadateien zu speichern.

3.3 Terminologieverwaltungssysteme als Komponenten von TM-Systemen

Auch Übersetzungsumgebungen verfügen zum Teil über sehr leistungsfähige Terminologieverwaltungskomponenten. Im Unterschied zu den zuvor genannten Systemtypen können diese TVS nicht ohne die TM-Umgebung eingesetzt werden. Zu den Systemen dieses Typs, die hier näher betrachtet werden, zählen crossTerm als Komponente von Across (www.across.net), die Terminologiedatenbank von Déjà Vu (www.atril.com), der Dictionary Editor des Heartsome Translation Studio von Heartsome (www.heartsome.net), die Terminologiekomponente von MemoQ des ungarischen Herstellers Kilgray (de.kilgray.com) sowie die SDL TermBase von SDLX (www.sdl.com). Ebenfalls in diese Produktkategorie gehören die Terminologiedatenbank der korpusbasierten Übersetzungsumgebung Multitrans9 des kanadischen Herstellers Multicorpora (www.multicorpora.ca) oder die Terminologiekomponente der auf Open-Source-Technologie basierenden Übersetzungsumgebung openTMS10 (www.opentm.org) des Forums Open Language Tools, kurz FOLT, und andere, die hier nicht namentlich erwähnt werden.

In **MemoQ** werden Terminologiedatenbanken über ein Projektfenster ausgewählt oder angelegt. Von hier aus werden auch Systemeinstellungen vorgenommen. Terminologiedatenbanken von **MemoQ** sind begriffsorientiert aufgebaut und haben eine zweigliedrige Eintragsstruktur mit einem festgelegten Eingabemodell. Auf der Begriffsebene können Sachgebietsangaben und eine Graphikdatei abgelegt werden. Ein Definitionsfeld ist dem jeweiligen Terminus zugeordnet, der auch als ‚verboten' und durch Felder für grammatische Angaben beschrieben werden kann. Interessanterweise ist die Spezifikation, ob flektierte Wortformen oder Wortzusammensetzungen eines Terminus bei der Suche berücksichtigt werden, in der vorliegenden Version (2.3) an die jeweilige Spezifikation eines Terminus gebunden, so dass die Ergebnisse einer Suche von den diesbezüglichen Einstellungen auf Terminusebene (Registerkarte „Übereinstimmung") abhängen (Abb. 14). Der Datenaustausch ist bei **MemoQ** auf das CSV-Format beschränkt (Abb. 15).

---

[9] Mit **Multitrans** können mittels terminologischer Extraktion aus parallelen Korpora in einem kurzen Zeitraum große Datenbestände angelegt werden. Die Terminologiedatenbank (*TermBase*) ist begriffsorientiert aufgebaut und kann hinsichtlich ihrer Eintragsstruktur vom Benutzer definiert werden. Querverweise können sowohl auf Felder innerhalb einer Datenbank erstellt werden als auch auf externe Quellen. Änderungen an einzelnen Datensätzen werden vollständig nachverfolgt, auch recherchierte, aber nicht im Datenbestand enthaltene Termini werden gespeichert, so dass sie als Grundlage für weitere Einträge in der Datenbank dienen können.

[10] Eine Besonderheit der Terminologieverwaltung in openTMS besteht darin, dass Translation-Memory-Satzpaare und Terminologie in einer gemeinsamen Datenbank gehalten werden. Das System unterstützt den Terminologiestandard TBX, intern werden die Daten allerdings alle im XLIFF-Format gehalten.

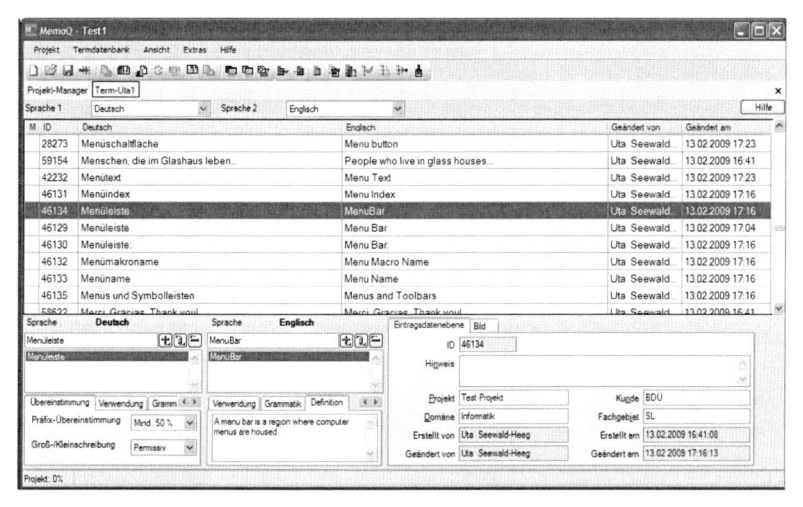

Abb. 14: Terminologiekomponente von MemoQ.

Eine separate Ebene zur Beschreibung des Begriffs, vergleichbar den Systemen **MultiTerm** und **TermStar** bieten unter den integrierten Systemen neben **MemoQ** derzeit nur **Across** bzw. **crossTerm** (Abb. 16), und der **Heartsome Dictionary Editor** (Abb. 17). Sollen begriffsbezogene Kategorien in **SDLX** oder **Déjà Vu** erfasst werden, müssen diese bei jedem einzelsprachigen Terminus wiederholt werden, was zu erheblichen Redundanzen innerhalb der Terminologiedatenbank führt (vgl. Abb. 18 und Abb. 19).

Obgleich **Across** eine separate Begriffsebene vorsieht, können allerdings auch hier Redundanzen oder inkonsistente Angaben auftreten. So wird in der untersuchten Version von **crossTerm** jedem einzelnen Terminus sowohl auf der Begriffs- als auch auf der Terminusebene ein Fachgebiet zugeordnet, wobei die Angaben auf beiden Ebenen voneinander abweichen können, wenn sie beim Anlegen eines Eintrags zuerst auf Begriffsebene erfolgen (vgl. Abb. 16), was einer begriffsorientierten Darstellung grundsätzlich widerspricht. Werden zu einem Eintrag weitere einzelsprachige Benennungen hinzugefügt, erbt die Terminusebene entsprechend dem Konzept der Begriffsorientierung den Fachgebietswert der Begriffsebene. Eine zwischen Begriffs- und Benennungsebene angesiedelte Sprachebene existiert in crossTerm nicht. Dafür besteht die Möglichkeit, auf der Begriffsebene von crossTerm Definitionen in verschiedenen Sprachen bzw. für eine Sprache mehrere Definitionen anzulegen.

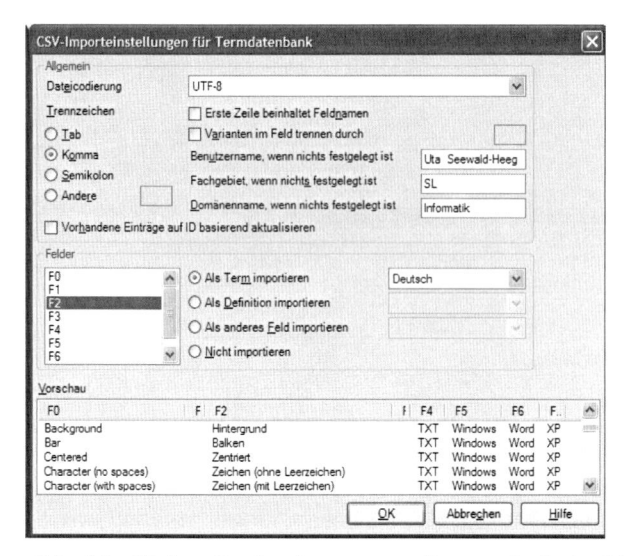

Abb. 15: Dialog für den Import von Terminologie in MemoQ aus einer CSV-Datei.

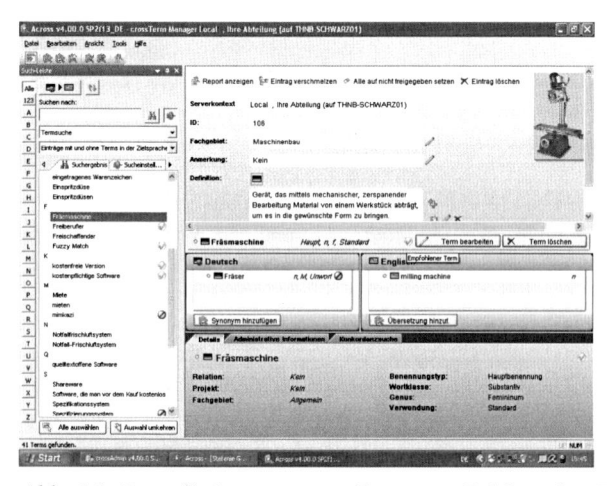

Abb. 16: Begriffsebene in crossTerm mit Feldern für Fachgebiet, Anmerkung, Definition und Abbildung sowie beschreibenden Feldern auf Terminusebene (unten).

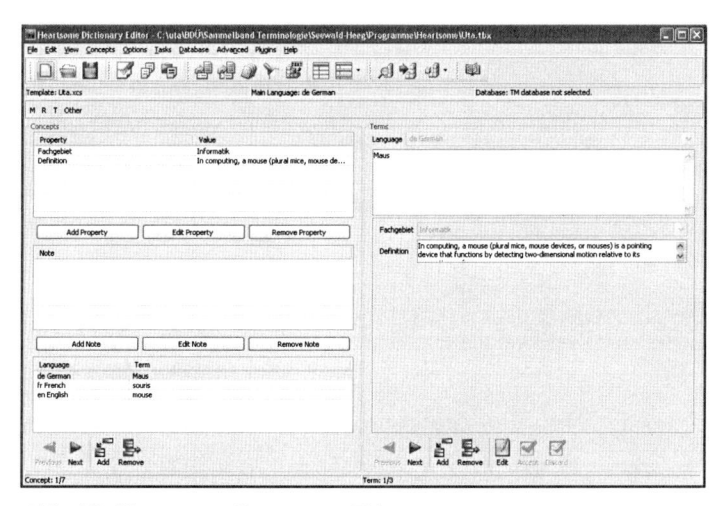

Abb. 17: Heartsome Dictionary Editor.

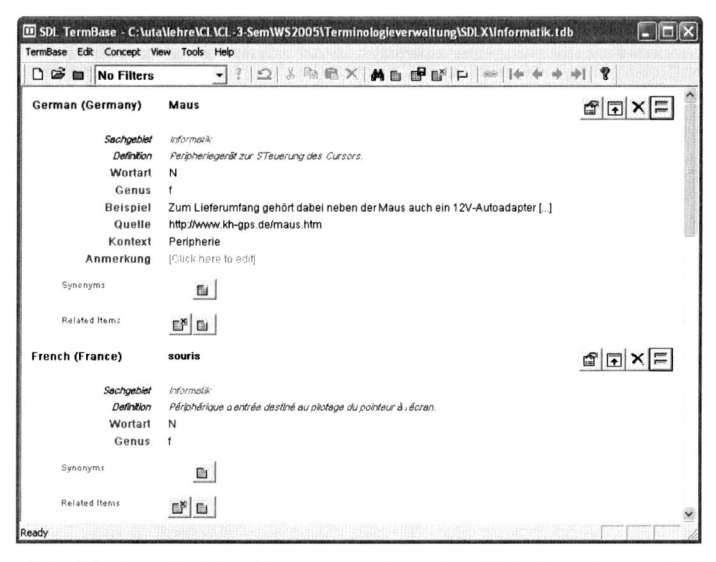

Abb. 18: Eingliedrige Eintragsstruktur der SDL TermBase mit Kategorien zur Beschreibung von Begriffen wie „Sachgebiet" auf Terminusebene.

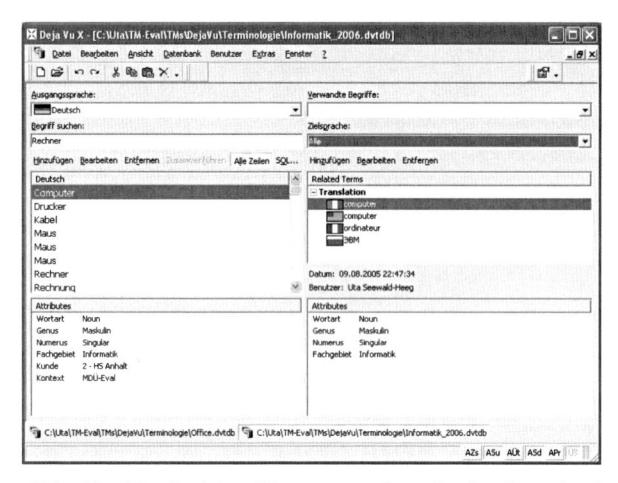

Abb. 19: Eingliedrige Eintragsstruktur in der Terminologiedatenbank von Déjà Vu, in der alle Beschreibungskategorien auf Terminusebene angelegt werden müssen.

Im **Dictionary Editor** des *Heartsome Translation Studio* (Abb. 17) können Terminologiedatenbanken angelegt und hinzugefügt werden. Sollen nicht in den Eingabemasken vorgesehene Felder aufgenommen werden, kann die Eintragsstruktur um benutzerdefinierte Felder ergänzt werden. Als Feldinhalte sind hier sowohl Felder für freien Text als auch Wertelisten möglich. Da der **Dictionary Editor** vollständig auf TBX aufbaut, werden neue Eintragsstrukturen als sogenannte XCS-Dateien angelegt. Positiv ist die Begriffsorientierung des Systems, die auch bei der manuellen Aufnahme von Termini in der Unterscheidung von Begriff (*Concept*) und Benennung (*Term*) deutlich wird. Soll der Terminologiedatenbank ein Eintrag hinzugefügt werden, geschieht das in der eingestellten Haupt- oder Arbeitssprache über die Option „Add Concept". Jede weitere Benennung wird durch Auswahl der betreffenden Sprache mit der Option „Add Term" hinzugefügt.[11]

---

[11] Allerdings erfolgt die Anzeige der Begriffsfelder gegenwärtig zusätzlich auch auf Terminusebene, ein Fehler, der nach Angaben der Entwickler (Ende 2008) bei der nächsten Systemaktualisierung behoben werden soll.

Die Suche nach einem Terminus kann vom **Dictionary Editor** aus in jeder beliebigen Sprache erfolgen. Die Suchergebnisse werden grundsätzlich in einem separaten Fenster in HTML-Format angezeigt. Zur Ansicht des vollständigen Inhalts einer als TBX-Datei vorliegenden Datenbank wird der Inhalt in eine HTML-Datei umgewandelt und im Internet Explorer angezeigt.

Im Unterschied zu den meisten übrigen Systemen stehen die Datenbankinhalte – seien es Termini, die über den **Dictionary Editor** eingegeben oder als TBX-Datei importiert wurden, oder Satzpaare, die als TMX-Datei importiert wurden – dem Nutzer unterschiedslos als TM- bzw. als sogenannte Quick-TM[12]- oder Terminologiedatenbank zur Verfügung.[13]

4 Unterschiede in den Eintragsstrukturen von TVS

Bis auf die inzwischen veraltete Version 3.2.Net von **GFT-DataTerm** (Abb. 8) und die Terminologiedatenbanken von **MemoQ** (Abb. 14), die eine feste Eintragsstruktur aufweisen, kann der Benutzer bei allen der hier aufgeführten Systeme beim Anlegen einer Datenbank auf die Eintragsstruktur Einfluss nehmen. Bei **Déjà Vu** wird der Benutzer beim Anlegen einer neuen Terminologiedatenbank aufgefordert, eine der zahlreichen Vorlagen für die zu erstellende Datenbank auszuwählen (Abb. 20). Da über die systemseitig vorgegebenen Vorlagen keine eigenen Vorlagen angelegt werden können, ist **Déjà Vu** eigentlich ein System mit festgelegter Eintragsstruktur. Die Struktur wird allerdings dadurch flexibilisiert, dass den Vorlagen eigene Beschreibungskategorien hinzugefügt werden können.

---

[12] Auf der Basis von Einträgen in der Terminologiedatenbank vom System erzeugte Übersetzungen.
[13] Ähnlich verfahren auch die als Word-Makro verfügbaren Übersetzungsumgebungen Wordfast *(www.wordfast.net)* und Metatexis *(www.metatexis.de)*, die allerdings hinsichtlich ihrer Struktur nur über eine Excel-Listen-ähnliche Terminologiekomponente verfügen.

Systeme mit definierbarer Eintragsstruktur bieten die Möglichkeit, sowohl die Anzahl als auch die Benennung und die Struktur der einzelnen Felder eines Eintrags individuell festzulegen. Dabei bieten **TermStar** und **MultiTerm**, in dem keine zahlenmäßige Begrenzung bei der Anzahl der Felder festgelegt ist, die größten Freiheiten. Auch die **SDL TermBase** hat eine definierbare Eintragsstruktur, die hinsichtlich der verfügbaren Feldtypen und Strukturierungsmöglichkeiten allerdings nur wenige Gestaltungsmöglichkeiten bietet. So besteht z.B. nicht die Möglichkeit, einzelne beschreibende Textfelder mehrfach zu verwenden oder eine hierarchische Struktur von Feldern so anzulegen, dass beispielsweise ein Feld zur Angabe der Quelle eines Beispielsatzes auf einer dem Beispielsatz untergeordneten Ebene angesiedelt ist. In **crossTerm** lässt sich die Eintragsstruktur ebenfalls bearbeiten, wenngleich die vom System als Standardkategorien vorgesehenen Felder, die in Anlehnung an die ISO-Norm 12620 „Computer applications in terminology – Data categories" vorgegeben werden, nicht entfernt werden können. **crossTerm** hat hinsichtlich dieser Felder, ähnlich wie **Déjà Vu**, eine festgelegte Eintragsstruktur. Sowohl in der Eintragsstruktur von **MultiTerm** als auch von **TermStar** und **crossTerm** können einzelne Felder als Pflichtfelder markiert werden. Beim Anlegen eines neuen Eintrags müssen die als Pflichtfelder gekennzeichneten Felder stets ausgefüllt werden. Um den Benutzer zu einer Eingabe zu zwingen, werden Datensätze nicht abgespeichert, solange die betreffenden Felder nicht belegt sind.

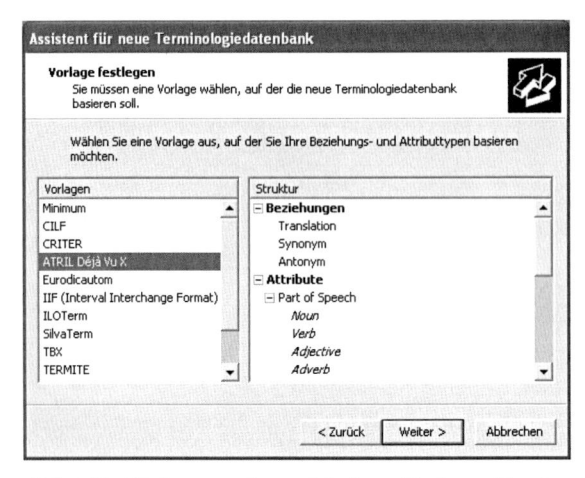

Abb. 20: Dialog zur Auswahl einer Vorlage für eine Terminologiedatenbank in Déjà Vu.

Mit Ausnahme von **Déjà Vu**, dem **Heartsome Dictionary Editor** und **MemoQ** können in den hier aufgeführten Terminologiekomponenten in bestimmten Textfeldern Verweise auf andere Einträge der Datenbank angelegt werden. So lassen sich fachliche Zusammenhänge über verschiedene Einträge der Datenbank erschließen und die rechnergestützte Terminologieverwaltung zu Recht als Bestandteil des Wissensmanagements einordnen.

5 Funktionen

5.1 Such- und Filterfunktionen

In der Übersetzungspraxis fungiert eine der im TVS enthaltenen Sprachen stets als Ausgangs- und eine weitere als Zielsprache. Ausgangs- und Zielsprache werden in den einzelnen Datensätzen von **MultiTerm**, **TermStar** und der **SDL TermBase** an oberster Stelle angeordnet, bei **Across** kann die Ansicht im Navigationsfenster auf das in Arbeit befindliche Sprachpaar reduziert werden, so dass auch bei großen mehrsprachigen Datenbeständen ein Blättern durch die zum Zeitpunkt der Bearbeitung nicht benötigten Sprachen nicht erforderlich ist.

Alle TVS, die mit den Konzepten Ausgangs- und Zielsprache arbeiten, ermöglichen die Suche nach Termini der Ausgangssprache in der im System hinterlegten Form.[14] In **MemoQ** erstreckt sich die Suche darüber hinaus auch auf die Zielsprache. **MultiTerm**, die **SDL TermBase** und **TermStar NXT** liefern bei der Standardsuche als Treffer auch Wortformen oder Wortzusammensetzungen, die die Zeichenkette des gesuchten Terminus erweitern. Abhängig vom Wert der „Präfix-Übereinstimmung" (vgl. Abschnitt 3.3), der einem Terminus zugeordnet ist, ist dies auch bei **MemoQ** der Fall. Wortzusammensetzungen, die die gesuchte Zeichenkette erweitern, werden in den übrigen Systemen nur dann gefunden,

---

[14] Die Umkehrung von Ausgangs- und Zielsprache kann bei etlichen Systemen mit einem einfachen Mausklick realisiert werden.

wenn man an die Zeichenkette den Asterisk (Sternchen) anfügt[15] oder wie im **Heartsome Dictionary Editor** mögliche Fortsetzungsalternativen mit einem regulären Ausdruck formuliert (Abb. 21). Werden im Suchdialog der **SDL TermBase** außer der aktuellen Ausgangssprache auch Terminusfelder anderer Sprachen selektiert, werden auch diese durchsucht. **MultiTerm, TermStar NXT** und der **Heartsome Dictionary Editor** unterstützen bei der Terminussuche ähnlich wie bei der Suche nach Sätzen im Satzarchiv (Translation Memory) eine unscharfe Suche[16]. Die unscharfe Suche liefert als Suchergebnisse auch solche Wörter, die die im Suchfeld angegebene Zeichenkette im Wortinnern enthält oder gar Buchstabenpermutationen der betreffenden Zeichenkette sind. In **MultiTerm** wird in diesem Suchmodus auch die Transliterierung kyrillischer Zeichen unterstützt, so dass beispielsweise die Suche mit der Zeichenkette *fail* bei Russisch als Ausgangssprache als Treffer *файл* (Datei) liefert. Auch die Suche mit dem Asterisk als Platzhalter in Präfixposition ist in **MultiTerm** und in **TermStar** möglich. Hiermit können z.B. Einträge mit einem bestimmten Suffix gesucht werden, so dass die Suche mit der Zeichenkette „*ung" alle Datenbankeinträge mit dem Suffix „-ung" liefert.

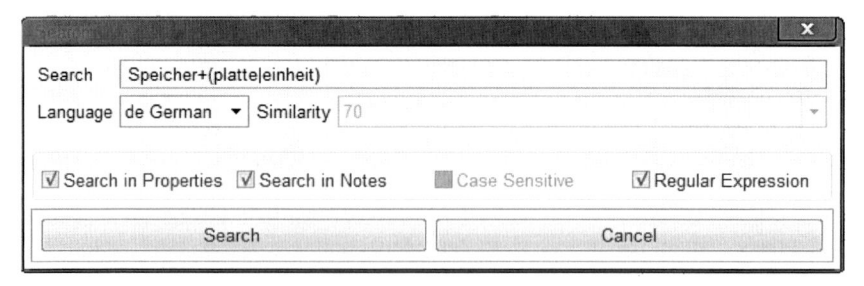

Abb. 21: Suche mit einem regulären Ausdruck im **Heartsome Dictionary Editor**.

Die Suche nach einem Terminus einer anderen als der jeweils aktuellen Ausgangssprache ist in der Regel nur möglich, wenn zuvor die betreffende Sprache

---

[15] Im **Heartsome Dictionary Editor** wird die Suche mit Variablen wie dem Pluszeichen für genau ein Zeichen oder dem Stern für beliebig viele Zeichen bislang nicht unterstützt.
[16] Auch **GFT DataTerm .net 2009** unterstützt eine sogenannte „unscharfe Suche". Diese entspricht hier allerdings einer Suche mit dem Asterisk am Wortanfang oder am Wortende anderer Systeme.

als Ausgangssprache eingestellt wurde. **crossTerm** ermöglicht auch eine Schlüsselwortsuche in den Eintragsdefinitionen. Mit dem Suchmodus „Volltextsuche" werden in **MultiTerm** alle Felder eines Datensatzes durchsucht, und im **Heartsome Dictionary Editor** können auch die Felder „Notes" und „Properties" auf Begriffsebene in die Suche einbezogen werden.[17]

Soll nach Teilbeständen von Terminologiesammlungen gesucht werden, so steht in den TVS hierzu neben der Suche mit dem Asterisk die Suche mit Filtern oder logischen Operatoren zur Verfügung, mit denen bestimmte Bedingungen festgelegt werden können. Filterkriterien können sowohl in **TermStar** als auch in **crossTerm** und **MultiTerm** vom Benutzer festgelegt werden. Möchte man in einer **MultiTerm**-Datenbank z.B. nach allen deutschen Nomina eines Datenbestands suchen, so lässt sich das durch das Anlegen eines Filters (Abb. 22) und dessen anschließender Aktivierung auf der Benutzungsoberfläche erreichen. Auf diese Weise können auch Termini eines bestimmten Projekts oder Sachgebiets recherchiert werden, eine Möglichkeit, die auch bei **UniTerm Pro** gegeben ist (vgl. **UniTerm**-Filtereinstellungen in Abb. 23). **crossTerm** bietet zur Festlegung von Filterkriterien ein sehr benutzerfreundliches Bedienfeld, in dem die jeweils bei der Suche bzw. beim Filtern zu berücksichtigenden Kriterien über Kontrollkästchen aktiviert werden können (Abb. 24). In **MultiTerm 2009** kann über einen entsprechenden Auswahldialog nun auch festgelegt werden, welche beschreibenden Kategorien in einer Trefferliste neben dem Terminus selbst dargestellt werden sollen, eine Funktion, die die Identifikation homonymer Einträge einer Datenbank sehr erleichtert.

Die Suche nach einem Terminus in der **SDL TermBase** kann über das Fernglassymbol der Symbolleiste erfolgen. In Abhängigkeit von der Suchspezifikation im entsprechenden Dialogfeld liefert die Suche entweder nur Suchergebnisse, die vollständig mit der Schreibung der in der Termbank enthaltenen Benennungen übereinstimmt oder aber Zeichenketten, in denen die gesuchte Zeichenkette als Präfix enthalten ist. Wortformen, die von der Grundform abweichen, können

---

[17] Die Suche liefert hier bislang allerdings nur Ergebnisse, wenn der Inhalt der Felder „Notes" oder „Properties" vollständig mit der gesuchten Zeichenkette übereinstimmt. Ein Auffinden von Teilzeichenketten, wie es im Volltextmodus von **crossTerm** oder **MultiTerm** möglich ist, ist hier bislang nicht implementiert.

bei der Suche nicht auf die in der Datenbank enthaltenen Grundformen abgebildet werden, so dass die Suche in diesen Fällen keinen Treffer liefert.

Möchte man in **Déjà Vu** bei der Suche bestimmte Bedingungen berücksichtigen, so muss man mit der Datenbankabfragesprache SQL vertraut sein, ein Umstand, der zahlreichen Benutzern Schwierigkeiten bereiten dürfte.

Ähnlich der sogenannten *crossSearch*-Funktion von **Across** (Abb. 25), die eine Terminologierecherche im Internet erlaubt und direkt von der **Across**-Oberfläche (*crossDesk*) aus gestartet werden kann, verfügt auch **TermStar NXT** über die Möglichkeit, terminologische Ressourcen im Internet über ein frei platzierbares Fenster, das sich am rechten Bildschirmrand befindet und über eine Registerkarte geöffnet werden kann, für die Web-Suche (*Floating Window*) in die Recherche einzubeziehen (Abb. 26). Internetressourcen, die in **TermStar NXT** durchsucht werden können, sind im betreffenden Fenster in einer Liste aufgeführt und müssen markiert sein, damit die Suchanfrage an die jeweiligen Ressourcen gesandt wird. Die Seiten, auf denen Ergebnisse gefunden wurden, werden durch einen grünen Punkt markiert und können einzeln per Doppelklick geöffnet werden.

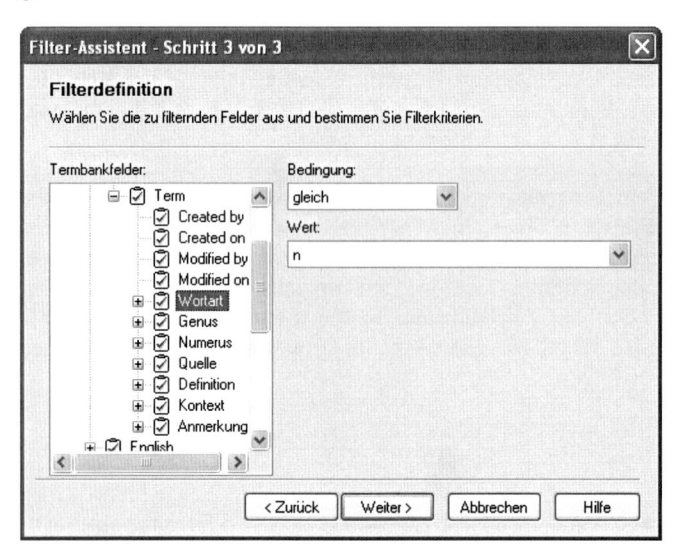

Abb. 22: Definition eines Filters in MultiTerm.

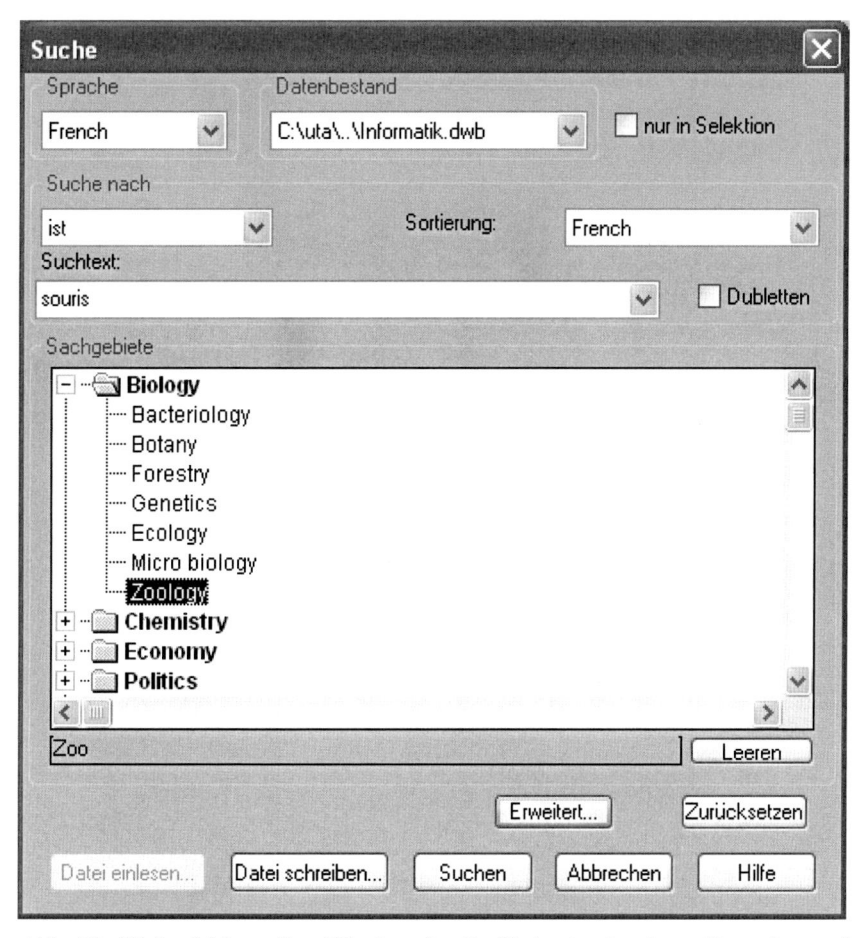

Abb. 23: Dialogfeld zur Spezifikation der Suchkriterien in einem Datenbestand in UniTerm.

Abb. 24: Spezifikation der Suchkriterien auf dem Registerblatt „Sucheinstellungen" in crossTerm.

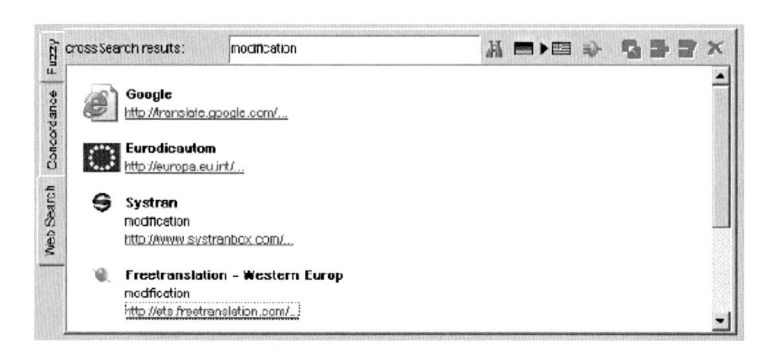

Abb. 25: Terminologierecherche im Internet mit der crossSearch-Funktion von Across.

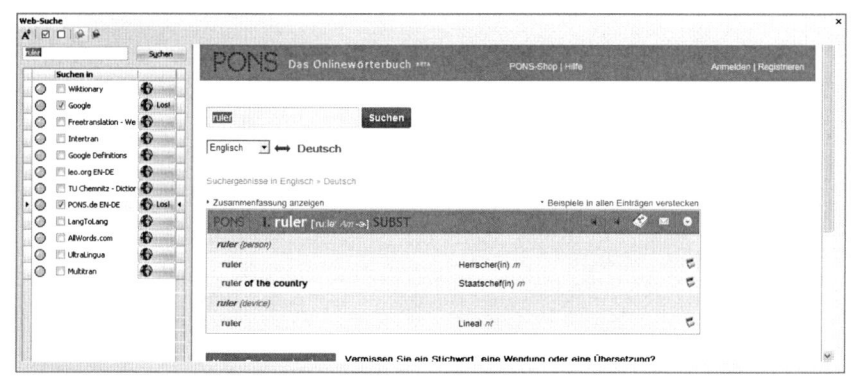

Abb. 26: Terminologiesuche in Internetressourcen mit der Web-Suche in TermStar NXT.

5.2 Einbindung in eine Translation-Memory-Umgebung

Bei den Systemen der Hersteller **Star, Across, SDL, Heartsome, Atril (Déjà Vu)** und **Kilgray (MemoQ)** sind die Terminologieverwaltungskomponenten Bestandteil komplexer Übersetzerarbeitsplatzumgebungen oder können in diese eingebunden werden. Die Terminologiekomponenten der Übersetzungswerkzeuge korrespondieren (über einen sogenannten Fuzzy-Index) mit den Translation Memories und den zugehörigen Editoren, so dass der Übersetzer die hinterlegte Terminologie aktiv beim Übersetzen angezeigt bekommt und auch gegebenenfalls ergänzen kann. Die Art der Darstellung und die Tiefe der Interaktion sind dabei von System zu System verschieden. So verfügt **MultiTerm 2009** beispielsweise über eine sogenannte *Autosuggest*-Funktion, die während des Übersetzens Vorschläge aus der Termino-logiedatenbank auch als Auswahlliste an der Cursorposition einblendet.

Vom Übersetzungseditor aus können in **SDLX** über die Menüoption „New Translation" mit den Funktionen „Apply TermBase" und „Copy Source when no translation exists" alle im Text enthaltenen ausgangssprachlichen Termini, die in der SDL TermBase hinterlegt sind, durch das zielsprachige Äquivalent ersetzt werden. Dies funktioniert bei flektierten Formen natürlich nicht und ist nur für Grundformen geeignet.

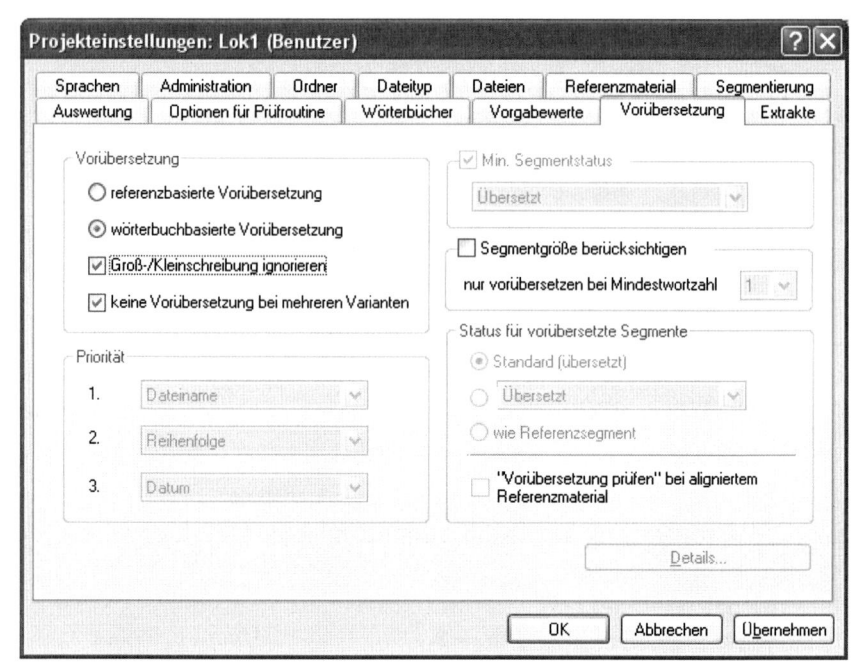

Abb. 27: Projekteinstellungen in Transit NXT.

Transit NXT bietet eine vergleichbare Funktion (Abb. 27). Über die Projekteinstellungen können die Parameter spezifiziert werden, die bei der wörterbuchbasierten Vorübersetzung berücksichtigt werden sollen, eine Option, die vor allem bei der Übersetzung von Stücklisten oder von Textsegmenten aus Benutzungsoberflächen nützlich ist, für die vielfach von Herstellern terminologische Vorgaben existieren.

5.3 Übernahme von Termini aus der Übersetzungsumgebung

Während der Übersetzung können Termini in der Ausgangssprache mit ihrer Entsprechung in der Zielsprache markiert und der selektierten Terminologiedatenbank hinzugefügt werden (z.B. in **Across**, **Transit NXT** und **MultiTerm 2009**). Einfacher geht es aber mit einer sogenannten Schnelleingabe, mit der auch Benennungen eingegeben werden können, die nicht im Ausgangs- und im Zieltext enthalten sind. Über die Schnelleingabe von **Transit NXT** (Abb. 28) und der **Trados Workbench** (Abb. 29) können neben der Benennung auch weitere Felder auf Eintragsebene angeben werden. Stellt das System bei der Eingabe fest, dass bereits ein identischer, gegebenenfalls homonymer ausgangssprachlicher Eintrag in der Datenbank vorhanden ist, wird über ein Dialogfeld erfragt, ob ein neuer Eintrag angelegt (Abb. 30) oder der vorhandene Eintrag aktualisiert werden soll (Abb. 31).

Bei Termini, die auf diesem Wege aufgenommen werden, sind unter Umständen nicht alle beschreibenden Felder, die die vordefinierte Eintragsstruktur der Datenbank vorsieht, vollständig gefüllt. In **MultiTerm** können solche Einträge über eine Menüoption („Unvollständige Einträge") ermittelt und ergänzt werden.

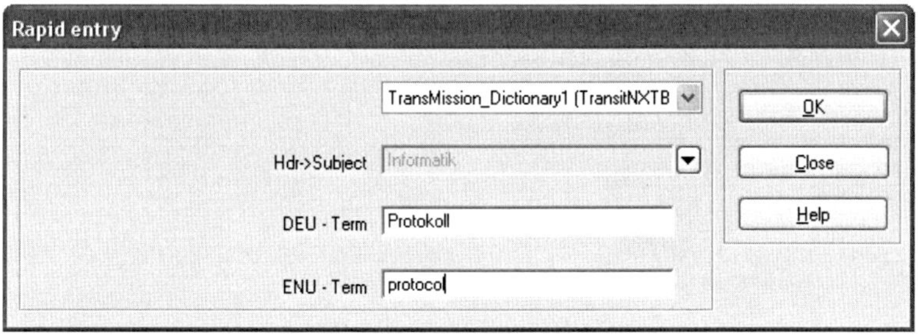

Abb. 28: Terminologie-Schnelleingabe in Transit.

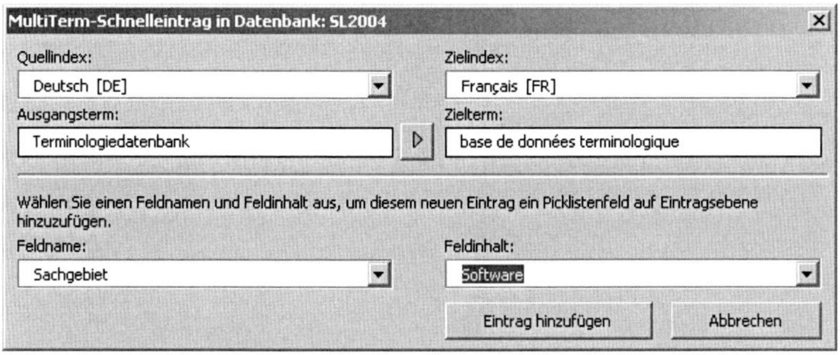

Abb. 29: Terminologie-Schnelleingabe in der Trados Workbench.

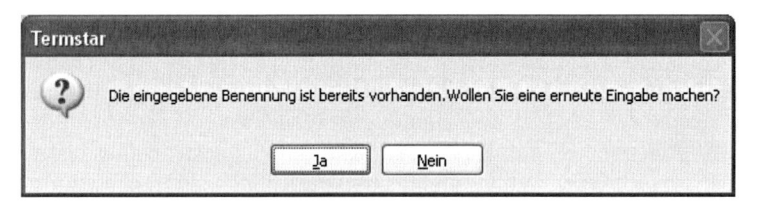

Abb. 30: Nachfrage in TermStar, ob für eine homonyme Benennung ein neuer Eintrag angelegt werden soll.

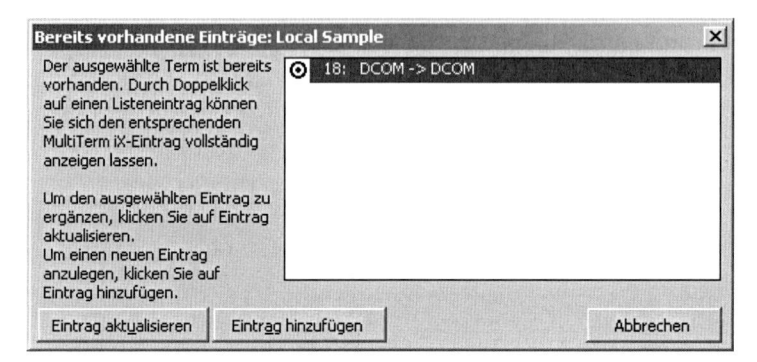

Abb. 31: Warnung in MultiTerm, dass eine Benennung bereits in einem Eintrag der Datenbank enthalten ist.

5.4 Zugriff auf Terminologie aus der Textverarbeitung

MultiTerm und **TermStar** können über Makros auch in Word und FrameMaker aktiviert werden (Abb. 32 und 33) und so – etwa bei der Vorbereitung der Terminologie im Rahmen eines Übersetzungsprojekts oder beim Übersetzen in Word – sowohl nach einzelnen Wörtern durchsucht als auch mit neuen Einträgen befüllt werden.[18]

---

[18] Das FrameMaker-Plug-in von TermStar ist allerdings nicht im Standard-Lieferumfang enthalten und kennwortgeschützt.

Über die **MultiTerm**-Symbolleiste in Word (Abb. 32) können lokale und serverseitige Terminologiedatenbanken verbunden (Abb. 34), Daten aus den Terminologiedatenbanken (Abb. 35) abgerufen und über die Schnelleingabe neue Datensätze in ihnen angelegt werden. Werden mehrere Einträge gefunden (Abb. 36), kann einer dieser Einträge über die Symbole im entsprechenden Dialog in den Text eingefügt, kopiert oder in der **MultiTerm**-Datenbank mit allen weiteren Informationen eingesehen werden.

Across hat für Kunden der Enterprise-Version über eine API-Schnittstelle ebenfalls eine Einbindung von **crossTerm** in Word entwickelt.

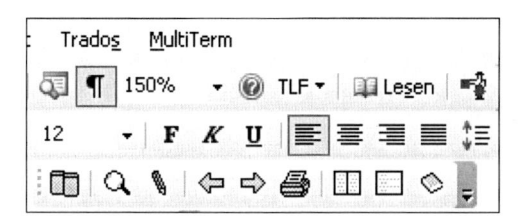

Abb. 32: MultiTerm-Symbolleiste in Word.

Abb. 33: Symbole und Menüeinträge von TermStar.

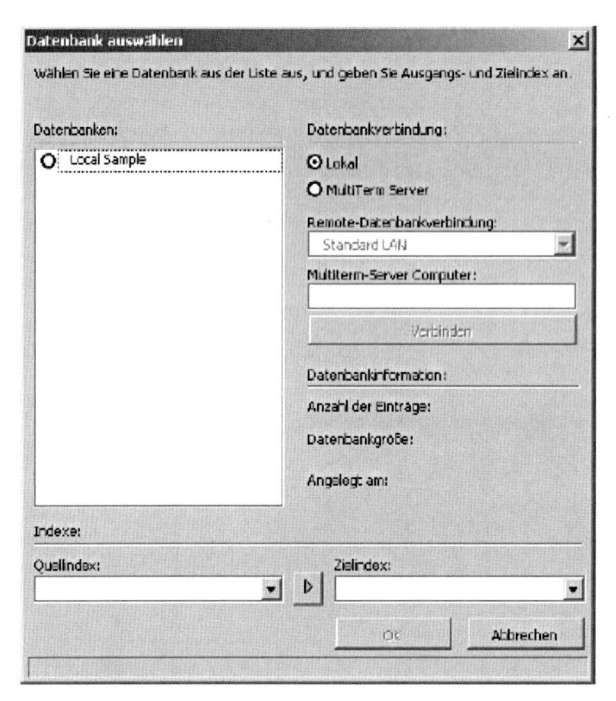

Abb. 34: *Herstellen einer Verbindung zu einer MultiTerm-Terminologiedatenbank von Word aus.*

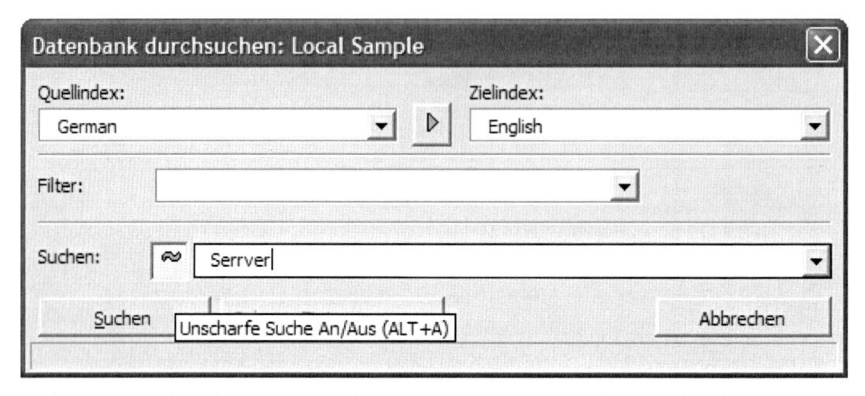

Abb. 35: *Durchsuchen einer MultiTerm-Datenbank mit der unscharfen Suche.*

Abb. 36: Trefferliste im Dialogfenster mit den Symbolen für Einfügen, Kopieren und Wechsel zur MultiTerm-Datenbank.

5.5 Nutzung von Terminologie bei der Redaktion und im Rahmen von Prüfroutinen

Die Aufgabenbereiche von Übersetzern und Technischen Redakteuren greifen immer stärker ineinander. Editoren zur Redaktion von Texten wie **crossAuthor** sind daher zunehmend als Komponenten von Übersetzungsumgebungen zu finden. Ebenso wie bei der Prüfung der terminologischen Konsistenz von Übersetzungen im Übersetzungseditor wird von diesen Editoren auf die Terminologiekomponente zugegriffen. Wird bei der Übersetzung überprüft, ob ausgangssprachliche Termini tatsächlich mit den in der Terminologiekomponente hinterlegten Äquivalenten übersetzt wurden, kann der Zugriff auf die Terminologiekomponente bei der einsprachigen Redaktion den Redakteur warnen, wenn er nicht zugelassene Bezeichnungen verwendet, sofern diesen im Wörterbuch der Terminologiekomponente ein entsprechendes Attribut (z.B. „Unwort") zugewiesen wurde (vgl. Abb. 37). Auch Hersteller von Redaktionssystemen bieten zunehmend Schnittstellen zu Terminologie- und TM-Systemen, um sowohl bei der Redaktion als auch im Rahmen von Prüfroutinen auf terminologische Vorgaben zugreifen zu können.[19]

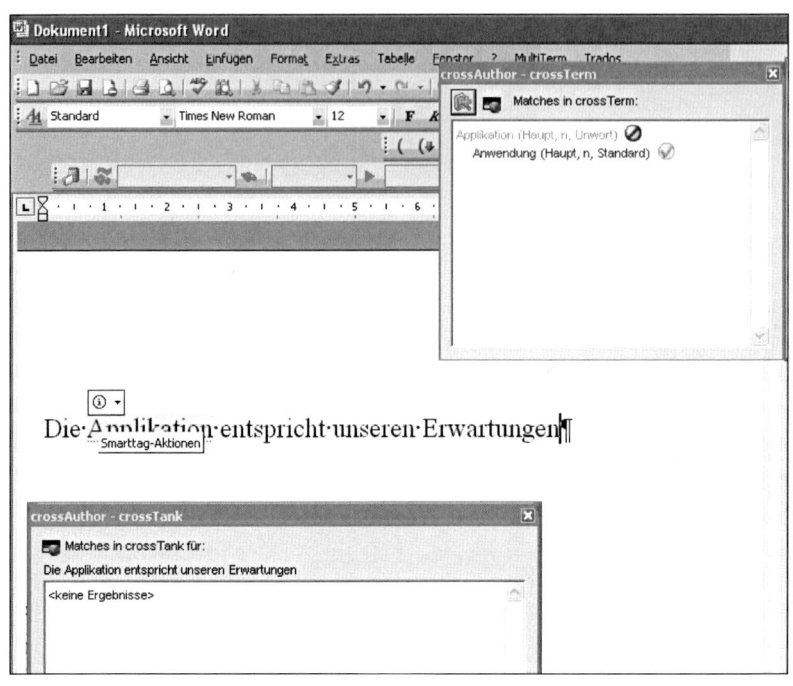

Abb. 37: crossAuthor-Umgebung mit Hinweis auf einen in crossTerm als nicht zugelassen („Unwort") gekennzeichneten Terminus.

---

[19] Neben dem bereits erwähnten XML-Redaktionssystem der Firma GFT gilt dies z.B. auch für die acrolinx® IQ Suite, die neben dem systemeigenen Terminologie-management auch eine Integration mit STAR WebTerm, MultiTerm und crossTerm ermöglicht. TM-Systeme wie Across erweitern ihre Anbindung an Qualitätssicherungssysteme wie das System CLAT des Instituts für Angewandte Informationsforschung an der Universität des Saarlandes (IAI), auf dessen regelbasierte Qualitätssicherung mit der Erweiterung von crossAuthor, der als „crossAuthor Linguistic" bezeichneten Komponente, zugegriffen werden kann.

5.6 Zugriff auf Terminologie im Produktentwicklungszyklus

Da Terminologie im gesamten Produktentwicklungsprozess erforderlich ist und in bestehenden Arbeitsabläufen häufig auf verschiedene, inhaltlich voneinander abweichende terminologische Ressourcen zugegriffen wird, bieten Systeme wie **UniTerm Enterprise**[20] ein auf dem sogenannten Einquellenprinzip (*Single Source*) aufbauendes Terminologiemanagement, das Terminologie zentral zur Verfügung stellt, und zwar sowohl für die Recherche als auch für alle Anwendungen, die auf Terminologie zugreifen, wie TM- und Redaktionssysteme. Mit Blick auf die Prozesse der technischen Dokumentation können – anders als das in den herkömmlichen Terminologieverwaltungssystemen der Fall ist – in **UniTerm Enterprise** auch Multimedia-Elemente in der Datenbank abgelegt und recherchiert werden.

In großen Projekten spielt die Aufgabenteilung eine zentrale Rolle. Sowohl die Abfolge von Aufgabenschritten als auch das für eine Aufgabe erforderliche Fachwissen sind von Bedeutung. **Across, Transit NXT, MultiTerm** und **UniTerm Enterprise** sehen daher für unterschiedliche Nutzer unterschiedliche Benutzerrollen bzw. benutzergruppenspezifische Zugriffsrechte vor. In Abhängigkeit von der konkreten Rolle wird die Oberfläche entsprechend der Aufgabenstellung konfiguriert (**Transit NXT**), der Nutzer direkt in eine bestimmte Komponente geführt (**Across**) bzw. mit bestimmten Rechten ausgestattet (**MultiTerm, UniTerm Enterprise**). **TermStar NXT** bietet auch innerhalb der Terminologieverwaltung verschiedene Rollen an (vgl. Abb. 38). Neben einem Terminologen werden die Rollen eines Terminologie-Managers und eines Terminologie-Übersetzers vorgesehen sowie eines Nutzers, der mit allen Fähigkeiten ausgestattet ist. Allerdings können in **Transit** bzw. **TermStar NXT** ebenso wie in **Across** weitere Rollen definiert werden.

---

[20] UniTerm Enterprise ist an ein Content-Management-System angebunden und bietet über das Terminologiemanagement von UniTerm Pro hinaus eine Workflow-Komponente, ein Versionsmanagement, die Kontrolle über Terminologiefreigaben usw.

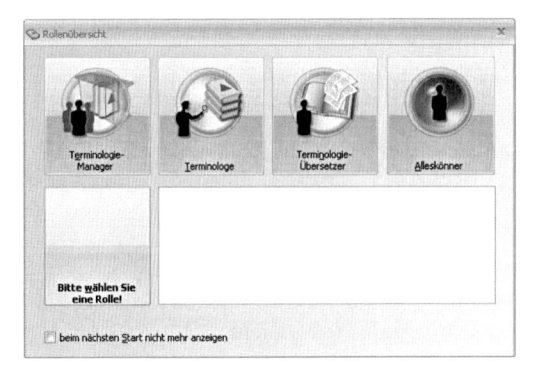

Abb. 38: Rollenübersicht in TermStar NXT.

6 Datenaustausch – Import und Export terminologischer Daten

Außer **crossTerm** und den Terminologiekomponenten des **Heartsome Translation Studio** sowie des **FOLT openTMS** (vgl. Fußnote 10) legen alle TVS ihre Terminologie in einem herstellereigenen Format ab. Um Daten aus anderen Quellen, wie beispielsweise Excel-Dateien oder Terminologiedatenbanken anderer Hersteller, in ein vorhandenes TVS zu importieren, muss nach Formaten gesucht werden, die sowohl von der Ausgangs- als auch von der Zielanwendung unterstützt werden. Organisationen wie die LISA haben sich daher um die Erarbeitung von Standards zum Austausch von Daten bemüht. In diesem Zusammenhang ist unter anderem das *Termbase eXchange* Format (TBX) entwickelt worden. **Across**, **Heartsome** und **FOLT** haben daher auf ein proprietäres Format verzichtet und sowohl für die Datenhaltung als auch für den Datenexport neben dem CSV-Format TBX gewählt. Aber auch **TermStar NXT** und **MultiTerm 2009** unterstützen sowohl für den Import als auch für den Export TBX.

Allerdings stellen auch die von den Herstellern verwendeten Standardformate keine Garantie für einen problemlosen Datenaustausch dar. So lässt sich z.B. ein der TBX-Spezifikation (ISO 30042) folgendes XML-Dokument nicht ohne vorhergehende Anpassungen in **crossTerm** importieren.

Da Terminologie häufig in Excel-Tabellen gesammelt wird, wenn kein spezielles TVS zur Verfügung steht, sehen die meisten TVS den Import von Terminologie im tabulatorgetrennten Textformat vor (vgl. Abb. 39), das von Excel erzeugt werden kann. Vielfach muss auch für den Datenaustausch zwischen zwei TVS auf dieses Format zurückgegriffen werden, wenn nicht eines der beiden Systeme das Format des jeweils anderen Systems als Import- bzw. Exportformat anbietet.

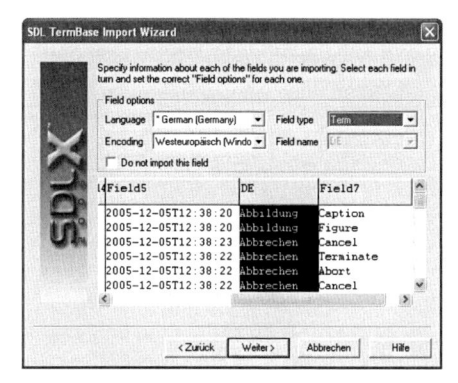

*Abb. 39: Dialog beim Import einer tabulator- getrennten Textdatei in die **SDL TermBase**.*

Zahlreiche Hersteller haben in der Vergangenheit auch das MultiTerm-Format für den Terminologieimport angeboten. **Across** bietet mittlerweile auch den zusätzlichen Zugriff auf die in MultiTerm definierte Termbankdefinitionsdatei (*.xdt) an, um die Zuordnung von Feldinhalten zu erleichtern. Etliche Hersteller unterstützen neben dem Terminologieformat von **MultiTerm** auch **TermStar**-Exportformate. So bietet **crossTerm** für den Import den von **TermStar** als Export angebotenen MARTIF-Standard, während **Déjà Vu** für den Import neben Text-, Excel- und Access-Dateien das Dateiformat des früheren **MultiTerm 5** vorsieht. Aus der Terminologiedatenbank von **MemoQ** können Daten neben dem CSV-Format auch im MultiTerm-XML-Format exportiert werden. **UniTerm** bietet für den Export neben einer Textdatei, die vom Benutzer bei Bedarf vollständig konfiguriert werden kann, was die Möglichkeit bietet, XML- und andere Fremdformate zu erzeugen, eine XML-Datei, die hier zusammen mit einer DTD (Dokumenttypdefinition) exportiert wird. Daneben können **UniTerm**-Daten auch im Unilex-Format sowie als RTF- oder HTML-Dateien exportiert werden.

Da Standardformate für Terminologie wie MARTIF oder TBX gegenwärtig noch nicht von allen Systemen unterstützt werden, kann unter Umständen auch ein standardisiertes Format beim Austausch von Terminologie nicht hilfreich sein. Daher muss in vielen Fällen auf den Datenaustausch im tabulatorgetrennten Textformat zurückgegriffen werden. Dabei müssen ebenso wie im Fall des Imports von Excel-Dateien in die Datenbank eines TVS die Spalten bzw. Spaltenköpfe auf die jeweiligen Felder der Zieldatenbank abgebildet werden (vgl. Abb. 39). Werden komplex strukturierte Datenbestände in tabulatorgetrennte Textdateien exportiert, geht dabei die Information über die Hierarchie der einzelnen Felder verloren. Ein Export aus **MultiTerm** in ein tabulatorgetrenntes Textformat ist häufig sogar unbrauchbar, wenn nicht in jedem Datensatz die gleichen Felder mit Inhalten belegt sind.

Wenn Terminologie aus externen Quellen in eine Datenbank importiert werden soll, sollte darauf geachtet werden, dass durch das Auftreten einzelner Termini in Dateien keine Dubletten in der Zieldatenbank auftreten. Es empfiehlt sich daher, zu importierende Datenbestände vorab zu analysieren und auf dieser Grundlage ein geeignetes Importskript anzulegen. Die Möglichkeiten der Importoptionen variieren von System zu System. Während etwa bei einem Import in die **SDL TermBase** nur die Möglichkeit besteht, gegebenenfalls auftretende Dubletten als neuen Eintrag anzulegen, den vorhandenen Eintrag zu überschreiben oder die Dublette zu ignorieren, können in **MultiTerm** oder **TermStar** ebenso wie in **crossTerm** mehrere Bedingungen abgefragt und Einträge so zusammengeführt werden, dass die Inhalte, die einem Eintrag zuvor in jeweils zwei verschiedenen Datenbeständen zugeordnet waren, in der Zieldatenbank in einem Eintrag aufgeführt werden. Bei **TermStar** und **MultiTerm** wird hierzu ein Importskript definiert (Abb. 40), bei **crossTerm** können diese Bedingungen nur interaktiv festgelegt werden, wenn bei den Importangaben die Option „Manuelle Korrektur für bestehende Einträge" aktiviert wird.

Sollen Termini aus einem TVS exportiert werden, können nicht nur komplette Datenbanken, sondern auch Teilbestände terminologischer Sammlungen herausgeschrieben werden. Um dies zu erreichen, müssen für den Export Filter definiert werden. Diese Form des Terminologieexports spielt insbesondere beim Arbeiten mit **Across** bzw. **crossTerm** eine zentrale Rolle, da in **crossTerm** Terminologie für verschiedene Projekte, Kunden oder Sachgebiete in einer zentralen Datenbank abgelegt werden. Projektspezifische Teilbestände sind nur durch Exporte mit entsprechenden Filtereinstellungen möglich (Abb. 41).

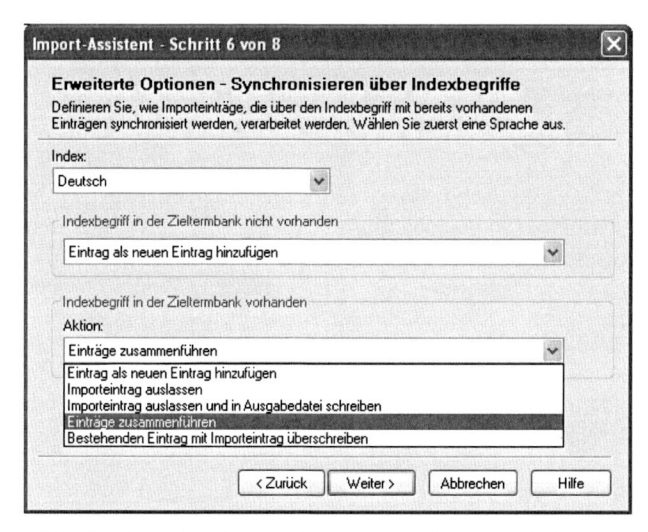

Abb. 40: Importskript zum Zusammenführen von Eintragsinhalten in MultiTerm.

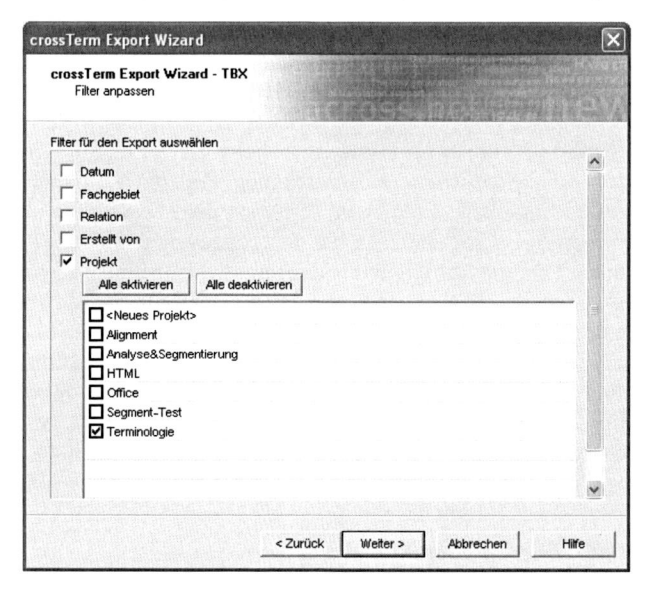

Abb. 41: Filtereinstellungen für den Terminologieexport aus crossTerm.

7 Unterstützung nichtlateinischer Zeichensätze

Alle der hier aufgeführten TVS unterstützen den Unicode-Standard, der (im Unterschied zu ASCII) 16 Bit zur Speicherung eines Zeichens verwendet und damit die Möglichkeit schafft, neben lateinischen Schriftzeichen auch nichtlateinische Schriftzeichen bzw. Schriftsysteme wie Kyrillisch, Arabisch oder Chinesisch zu verwalten.

In **MultiTerm** können nicht nur Feldinhalte mit nichtlateinischen Zeichen dargestellt werden, sondern auch die an der Benutzungsoberfläche angezeigten Feldnamen der betreffenden Sprachen.

8 Ausblick

Man könnte erwarten, dass bei Systemen zur Terminologieverwaltung besondere Sorgfalt bei den verwendeten Benennungen waltet. Diese Annahme stellt sich jedoch nicht selten als Irrtum heraus. So wird insbesondere die Unterscheidung zwischen *Begriff* und *Benennung* (vgl. DIN 2342) in TVS zum Teil sehr unsauber verwendet. In der **SDL TermBase** findet sich beispielsweise auf der Terminusebene anstelle von *Benennung* die Bezeichnung *Begriff*. Will man einen in einer vorliegenden Sprache homonymen Terminus dem Datenbestand einer **SDL TermBase** hinzufügen, so wird man bei der deutschen Benutzungsoberfläche unter anderen vor die Alternativen „Konzept hinzufügen" und „Begriff überschreiben" gestellt. Hier handelt es sich in ein und demselben Dialog um die Verwendung zweier Synonyme, *Konzept* und *Begriff*, die insbesondere bei ungeübten Nutzern zur Verunsicherung führen können. Ebenfalls unsauber ist die Trennung zwischen Begriff und Benennung bei **Déjà Vu**: Wird einem ausgangssprachigen Terminus, in **Déjà Vu** als „Ursprungsbegriff" bezeichnet, eine Übersetzung zugeordnet, so wird dieser zielsprachige Terminus im Dialogfeld zur Eingabe der beschreibenden Kategorien beispielsweise mit „Verwandter Begriff" bezeichnet. Ähnliches gilt auch für **MemoQ**.

An die Hersteller sei daher die Aufforderung gerichtet, Prinzipien und Methoden der datenbankgestützten Terminologiearbeit auf den Benutzungsoberflächen der Systeme und in den Handbüchern korrekt darzustellen. Für den praktischen Einsatz der TVS wäre auch die Weiterentwicklung der Suchfunktionen mit morphologischem Wissen, wie sie in Redaktionswerkzeugen zum Teil bereits realisiert sind, sehr wünschenswert. Gerade bei Funktionen zur Qualitätssicherung bei flektierenden Sprachen ist hier erhebliches Verbesserungspotential vorhanden.

Die Terminologieverwaltung dient der konsistenten, reibungslosen und effektiven weltweiten Kommunikation mit Kunden, Zulieferern und der Kommunikation innerhalb eines Unternehmens. Nur wenn ein abgestimmter, aktueller und gepflegter Terminologiebestand unternehmensweit allen Nutzern zur Verfügung gestellt wird, zahlt sich der Aufwand für Terminologiearbeit aus. Der Einsatz professioneller TVS ist hierfür eine notwendige Voraussetzung.

Literatur

Arntz, R./Picht, H./Mayer, F. (2002): Einführung in die Terminologiearbeit. Hildesheim [etc.]: Olms.

LISA (2008): Term Base eXchange (TBX). Übereinstimmend mit ISO 30042. Online im Internet: www.lisa.org/fileadmin/standards/TBX_2008_10_29.pdf [21.01.2009]

Mayer, F. (1998): Eintragsmodell für terminologische Datenbanken. Ein Beitrag zur übersetzungsorientierten Terminographie. Tübingen: Narr.

Wright, S. E. (1997): Handbook of Terminology Management. Volume 1: Basic Aspects of Terminology Management. Amsterdam, Philadelphia: John Benjamins.

DIN 2342 (2004-09): Begriffe der Terminologielehre.

ISO 16642 (2003): Computer Applications in Terminology TMF (Terminological Markup Framework)

TBX-Spezifikation (o. J.): Online im Internet unter www.lisa.org/TBX-Specification.33.0.html.

Überblick über die vorgestellten Terminologieverwaltungssysteme

	crossTerm 4 (Across 4.00.0 SP2F_de)	Déjà Vu X (Build 7.5.303)	GFT-DataTerm 3.2.Net (sowie GFT-DataTerm 2009, V 4.0.4.7)
Hersteller	Across Systems GmbH	Atril	GFT
Homepage	www.across.net	www.atril.com	www.gft-dataterm.de
Plattformen	Windows	Windows	Windows
Datenhaltung			
Begriffsorientierung	ja	ja	nein (ja)
Felder auf Begriffsebene	ja	nein	nein (ja)
Datensatzstruktur	zweigliedrig	eingliedrig	eingliedrig
Vorgabe von Wertelisten möglich	ja	ja	nein
Abbildungen	ja	nein	nein (ja)
Struktur frei definierbar	bedingt	bedingt (Vorlagen)	nein
Querverweise	ja	nein	nein
Such- und Filterfunktionen	ja	ja	ja
Austauschformate			
Importformate	TBX, Star-Martif, CSV, MultiTerm nach Wahl mit XDT-Datei, LexTerm (Langenscheidt)	Text, Excel, Access, MultiTerm 5, ODBC-Datenquelle	CSV
Exportformate	TBX, CSV	Text (TXT, CSV), Excel, Access, ODBC-Datenquelle	CSV
Schnittstellen			
Einbindung in eine Translation-Memory-Umgebung	ja	ja	nein (Anbindung an GFT XML-Redaktionssystem)
Word-Schnittstelle	erhältlich	nein	nein
Webfähigkeit	ja	auf Anfrage	nein
Unicodefähigkeit	ja	ja	ja

Überblick über die vorgestellten Terminologieverwaltungssysteme

Heartsome Translation Studio R7 Dictionary Editor	MemoQ 3.2	MultiTerm 2007 (sowie Multi-Term 2009)	SDL Termbase 2007	TermStar NXT	UniTerm Pro 3.6
Heartsome	Kilgray	SDL International	SDL International	Star AG	Acolada
www.heartsome.net	de.kilgray.com	www.sdl.com	www.sdl.com	www.star-group.com	www.acolada.de
Windows, Linux, Mac, Solaris, Unix	Windows	Windows	Windows	Windows	Windows
ja	ja	ja	ja	ja	ja
ja	ja	ja	nein	ja	ja
dreigliedrig	zweigliedrig	dreigliedrig	eingliedrig	dreigliedrig	dreigliedrig
ja	nein (bereits system-seitig festgelegt)	ja	ja	ja	ja
nein	ja	ja	nein	ja	ja (separates Fenster)
ja	nein	ja	ja	ja	ja
nein	nein	ja	ja	ja	ja
ja	ja	ja	ja	ja	ja
TBX	CSV, TXT, TSV, TMX	Excel, Text, CSV, MultiTerm-XML (TBX)	SDL TermBase-Format, Text, MultiTerm 5, Déjà Vu	MARTIF/TBX, Benutzerdefinierte Formate (Excel etc.), TermStar-Formate	Text
TBX	CSV, MultiTerm XML	Trados-XML, HTML, RTF, Text, einsprachige Textliste (TBX)	SDL TermBase-Format, Textd, MultiTerm 5	MARTIF, TBX, Excel, CSV, TermStar-Formate, benutzerdefinierte Ausgabe (z.B. XML)	Text, UniTerm-XML + DTD, UniLex/ LexiFace Pro-Format, HTML, RTF
ja	ja	ja	ja	ja	Nein (UniTerm Enter-preise bietet jedoch Integration in TM- und Redaktions-systeme)
nein	nein	ja	nein	ja	nein
nein	nein	ja	ja	ja	nein
ja	ja	ja	ja	ja	ja

Webbasierte Terminologiearbeit – Terminologie unternehmensweit verteilen und pflegen

Rachel Herwatz

Mehr und mehr setzt sich in Unternehmen die Erkenntnis durch, dass die Kosten von Terminologiearbeit dann vertretbar sind, wenn die Ergebnisse für alle Mitarbeiter verfügbar sind und so z. B. Missverständnisse und fruchtlose Diskussionen vermieden werden können.

Aus diesem Grund entwickelt sich die Tendenz: weg von den auf Einzelplatzversionen und in diversen Excel-Listen „schlummernden" Terminologiebeständen hin zu einer unternehmensweit zur Verfügung gestellten Terminologie. Diese dokumentiert die vereinheitlichten Terminologiebestände eines Unternehmens samt der zum Teil kontrovers geführten Diskussionen und macht sie für alle nachvollziehbar.

Die Online-Versionen verfügbarer Terminologieverwaltungssysteme unterscheiden sich zum Teil erheblich in Layout und Benutzerfreundlichkeit von den Einzelplatzversionen (z. B. WebTerm von Star). Sie müssen wesentlich benutzerfreundlicher sein, da sie sich nie an eine einzelne Person wenden, die nach einer Einarbeitungszeit oft mit dem System arbeitet und es kennt, sondern an Benutzergruppen, die in der Regel gar nicht oder nur kurz in das System eingeführt wurden.

Unternehmensweite Terminologiearbeit lebt von ihrer Verbreitung. Wenn die Benutzung zu kompliziert und unübersichtlich scheint, verzichtet der Nutzer in Zukunft auf das System und arbeitet „wie immer" weiter.

Daher soll an dieser Stelle vor allem auf die Gestaltung und die Vergabe von Benutzerrechten und Rollen eingegangen werden.

1 Demoversionen

Für die Terminologieverwaltungssysteme **crossTerm Web, MultiTerm Online, SmartBusinessTerm, termXplorer und WebTerm** gibt es standardmäßig oder auf Anfrage einen Zugang im Internet, mit dem man sich über die Leistungen der Systeme einen eigenen Eindruck verschaffen kann.

Unter www.star-webterm.com stellt **Star** einen Demozugang zur Verfügung, über den man sich mit verschiedenen Benutzerprofilen anmelden kann und auch als Administrator mit dem Wörterbuch „Test" z.B. eigene Einträge erstellen oder bestehende ändern kann (*Read/Write*-Zugang).

Die Demoversion von termXplorer unter www.termXplorer.de erlaubt einen Zugang mit Leserecht auf eine Terminologiedatenbank zum Thema „Fahrrad", einen Zugang mit Schreibrechten auf eine Testdatenbank und eine Datenbank für das (einfacher gehaltene) Vorschlagswesen.

Die Demoversion von **MultiTerm Online** (www.multiterm.com) stellt einen reinen Lesezugriff als Gast zur Verfügung, während man bei **SmartBusinessTerm** die Daten für einen Demozugang mit drei verschiedenen Benutzerprofilen zur Verfügung gestellt bekommt, wenn man sich zuvor anmeldet.

Die dieser Studie zugrunde gelegten Online-Versionen wurden anhand der Internet-Demodatenbanken getestet.

2 Eintragsstruktur: Konzeption und Datenhaltung

Mit einem Terminologieverwaltungssystem müssen in der Regel mehrere Terminologiedatenbanken verwaltet werden können. Bis auf **Across**, dem nur eine Datenbank zugrunde liegt (ab Version 05 sind aber zumindest mehrere Datenbanken simulierbar), ist dies in allen Systemen möglich. Ebenfalls sind mittlerweile alle untersuchten Systeme begriffsorientiert und benennungsautonom anlegbar.

Bis auf **WebTerm** und **SmartBusinessTerm** sind die Felder auf Begriffs- und Benennungsebene, meist auch auf Sprachebene, frei definierbar.

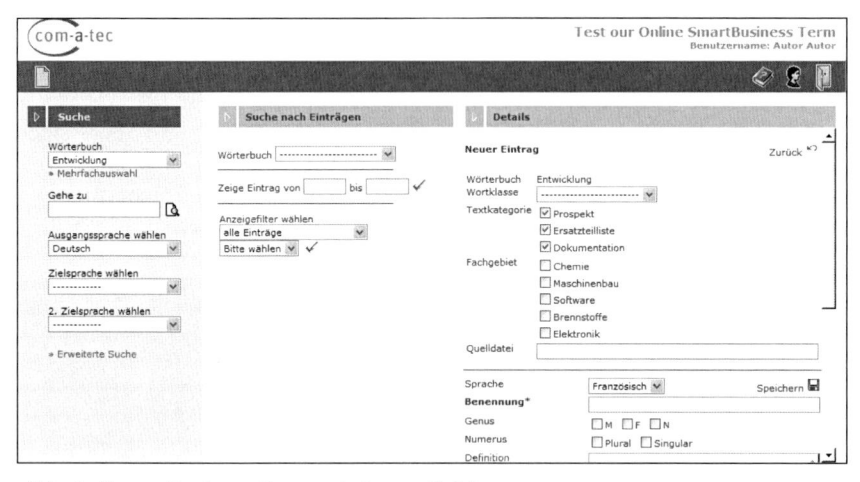

*Abb. 1: **SmartBusinessTerm** mit festen Feldern.*

3 Abbildungen und Querverweise

In den getesteten Terminologieverwaltungssystemen ist es möglich, Abbildungen, Multimedia-Daten und Links einzubinden.

Im **termXplorer** z.B. wird zwischen den Feldtypen „Grafik" (reales Bild) und „Grafiklink" (z.B. Verweis auf eine firmenspezifische Bilddatenbank), „externer Link" (z.B. auf eine Internetseite oder eine PDF-Datei im Internet) und „interner Link" (z.B. auf eine Eintrags-ID in der Datenbank) unterschieden.

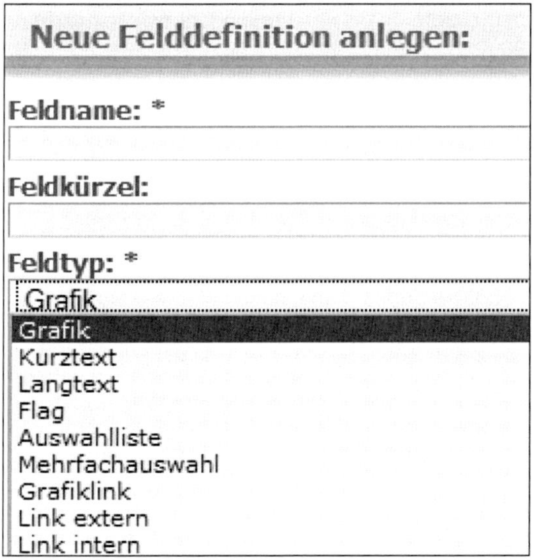

*Abb. 2: Feldtypen im **termXplorer**.*

4 Nutzerverwaltung

Während die Vergabe von Benutzerrechten bei den Einzelplatzversionen zwar angelegt ist, aber wie die Layoutmöglichkeiten oder Eingabemodelle nicht unbedingt auch genutzt werden müssen, ist es bei der unternehmensweiten Terminologiearbeit unbedingt notwendig, zwischen verschiedenen Benutzerrechten zu unterscheiden.

In **SmartBusinessTerm** sind standardmäßig die Benutzerrollen „Leser" (kann nur lesen), „Autor" (kann nach Eintragsnummer suchen und neue Einträge anlegen) und „Admin" implementiert, weitere können benutzerspezifisch hinzugefügt werden.

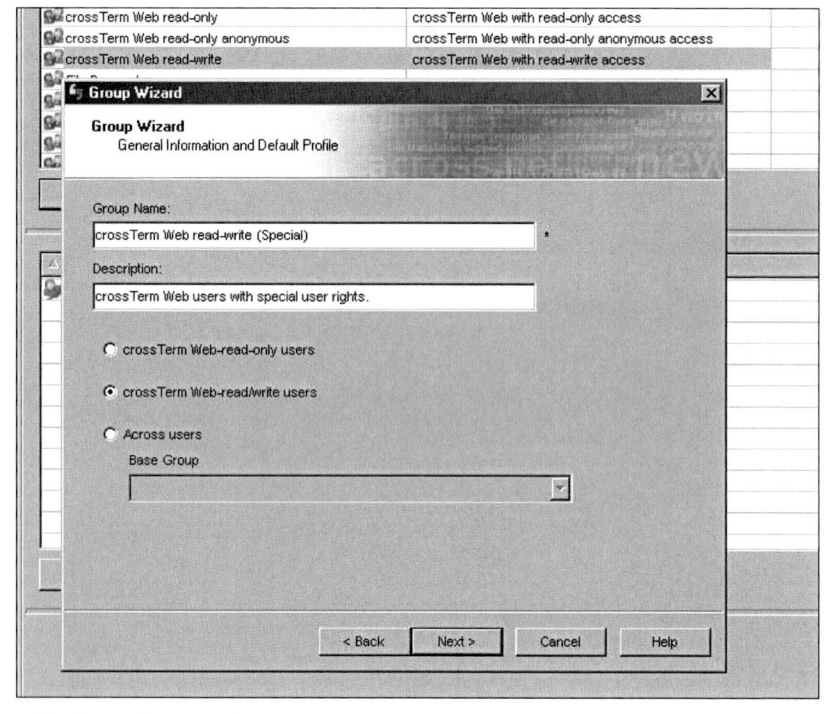

*Abb. 3: Rechteverwaltung in **crossTerm Web**.*

Im **crossTerm Web Server** wird zwischen Lese-Zugriff und Schreib/Lese-Zugriff unterschieden. In der Enterprise-Edition bietet **crossTerm Web Server** über die allgemeine Benutzerkennung „anonymous" (ohne Passwort) auch einen Zugriff, der als reiner Lese-Zugriff auf die Terminologierecherche begrenzt ist.

Es muss vor allem möglich sein, bestimmte Rechte auf bestimmte Sprachen zu beschränken: So soll in der Regel der Französisch-Übersetzer zwar alle Daten zu verschiedenen Sprachen sehen, allerdings nur die Daten zum Französischen ändern dürfen.

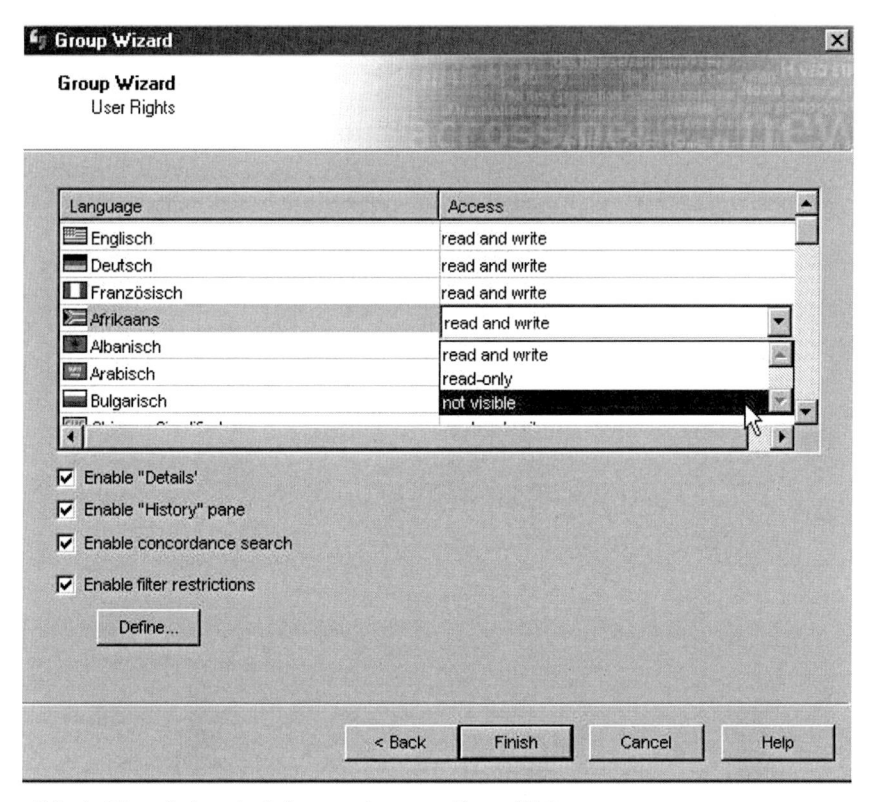

*Abb. 4: Eingabebeschränkungen im **crossTerm Web**.*

Dafür müssen z.B. in **MultiTerm Online** neue Benutzer und Benutzerrollen in der Datenbank angelegt werden und den Benutzern die Benutzerrollen dann zugewiesen werden. Über verschiedene Benutzerrollen können Benutzern Zugriffe auf verschiedene Layouts, Filter, Eingabemodelle und Import- und Exportoptionen zugewiesen werden.

Im **termXplorer** können die Zugriffsrechte auf Eintrags-, Sprach- und Benennungsebene (jeweils in Abhängigkeit von den Rechten für bestimmte Sprachen) frei definiert werden.

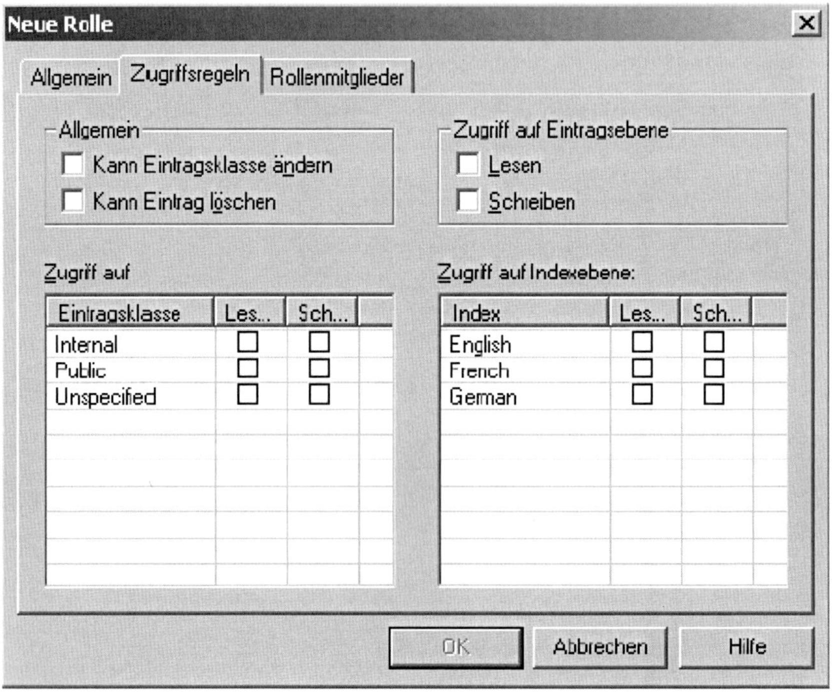

*Abb. 5: Definition der Zugriffsregeln in **MultiTerm Online**.*

Benennungsebene			
Nutzergruppenname	Anlegen	Editieren	Löschen
Unregistered	☐	☐	☐
Administration	☑	☑	☑
Übersetzung	☑	☑	☐
Demo	☑	☑	☐
Entwicklung	☑	☑	☐
Marketing	☑	☑	☐
Redaktion	☑	☑	☐
Schulung	☑	☑	☐
Vorschlagswesen	☐	☐	☐

Abb. 6: *Verschiedene Zugriffsrechte im **termXplorer** (Beispiel).*

5 Oberflächengestaltung

Besonders wichtig ist es, dass der Nutzer schnell die Information findet, die ihm bei der Auswahl der richtigen Benennung helfen. Daher sollten die relevanten, benennungsdifferenzierenden Merkmale dem Betrachter schnell ins Auge fallen.

Im **termXplorer** und in **WebTerm** wird dies über die Anzeige der Attribute im Suchfenster gesteuert, während **MultiTerm Online** über die Layoutgestaltung und **crossTerm Web** über Farben und/oder Symbole in der Detailanzeige arbeiten.

Zu den besonderen Anforderungen an ein unternehmensweites, mit den Landesgesellschaften koordiniertes Terminologiemanagement gehört auch eine Oberflächengestaltung, die verschiedene Sprachen unterstützt.

Während die Sprachen, die für die Oberfläche zur Verfügung stehen, mittlerweile immer mehr werden, gestaltet sich die Übersetzung der Feldnamen und vor allem der Picklisten in vielen Terminologverwaltungssystemen als schwierig.

In **MultiTerm Online** z.B. kann die Übersetzung der Feldnamen über benutzerdefinierte Layouts gesteuert werden, die Picklisteninhalte selber sind jedoch nicht übersetzbar.

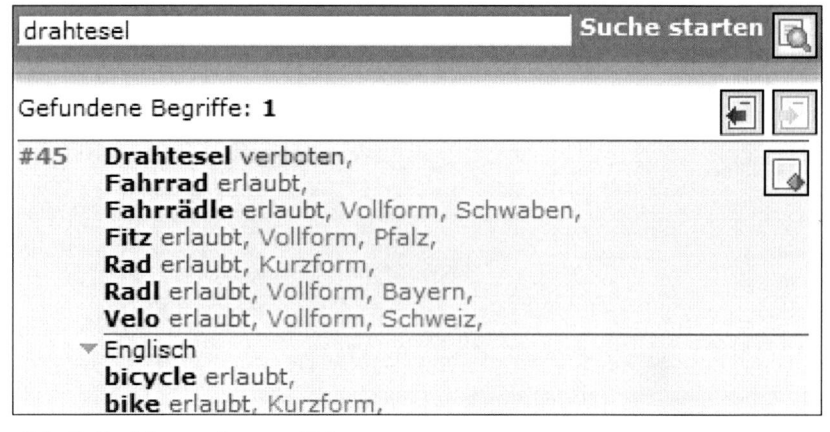

Abb. 7: Suchfenster im termXplorer.

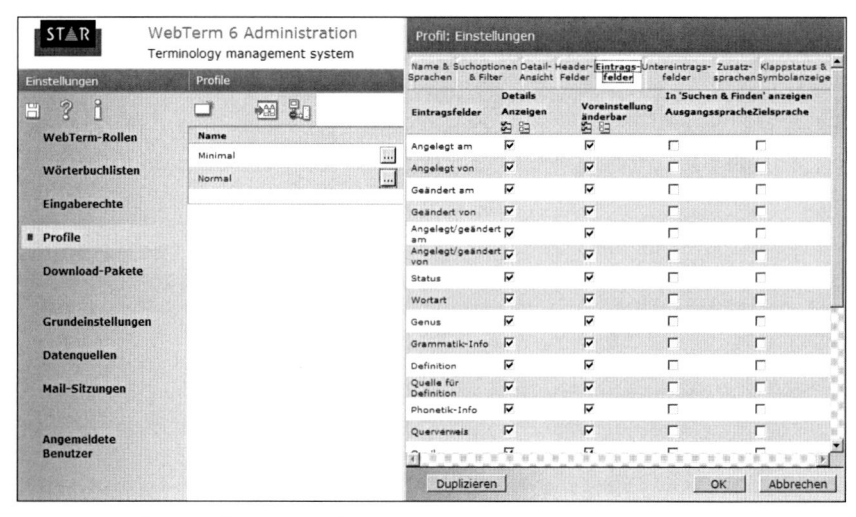

*Abb. 8: Profileinstellung in **WebTerm**.*

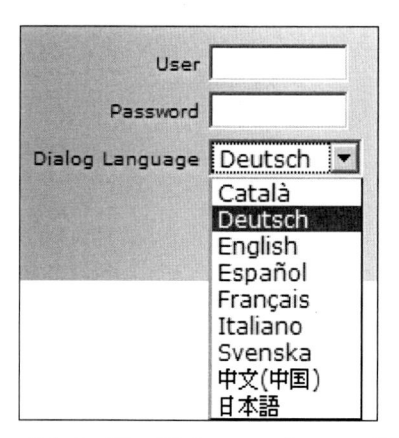

*Abb. 9: Oberflächensprachen von **WebTerm**.*

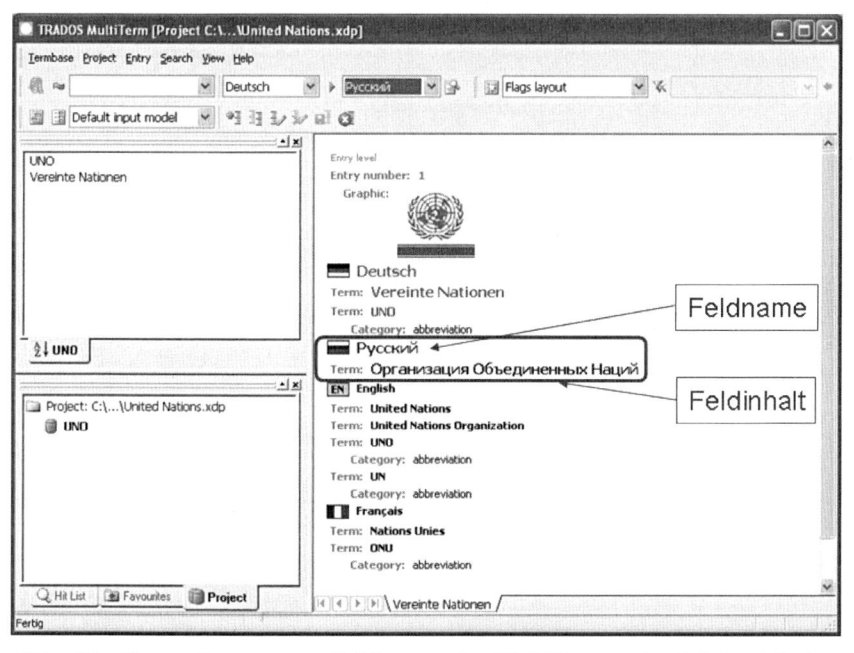

*Abb. 10: Unterstützung von Feldnamen in **MultiTerm** mit nichtlateinischen Zeichen.*

6 Kommentare

Ein Aspekt, der bei **WebTerm** und im **termXplorer** angenehm auffällt, ist die Kommentarfunktion.

Mit dieser Funktion können in einem Formular Kommentare zu bestimmten Einträgen oder ganz allgemein erfasst und verschickt werden. Über die Kommentarliste können im Suchfenster alle Kommentare angezeigt werden, die bereits geschrieben wurden. Festgelegte Benutzergruppen können dann diese Kommentare auswerten und bearbeiten.

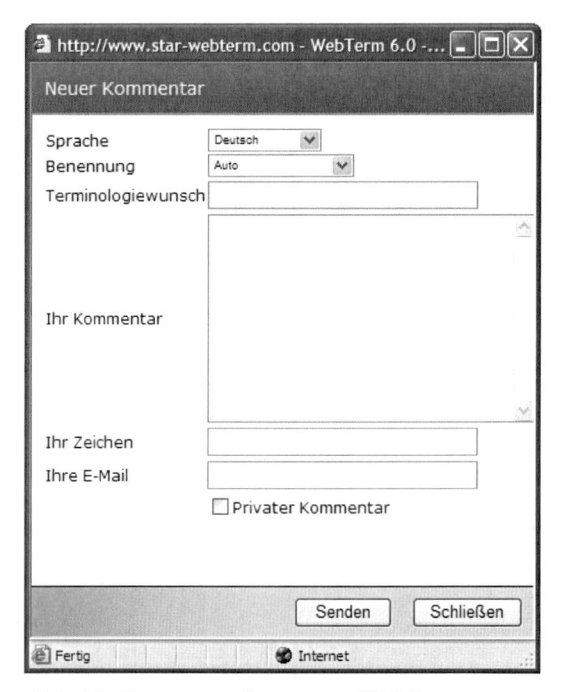

*Abb. 11: Kommentarfenster von **WebTerm**.*

Terminologieaustausch

Angelika Zerfaß

1 Terminologieaustausch in der Praxis

Wie tauschen Sie Terminologie mit Ihren Kollegen, Übersetzern, Agenturen, Kunden ... aus? Meistens anhand von Excel-Listen, oder? Vielleicht noch über eine Word-Tabelle. Seltener wohl über eines der Formate, in denen Terminologielisten oder Terminologiedatenbanken innerhalb von Übersetzungsprogrammen vorliegen. Diese Art Terminologie auszutauschen hat vor allem praktische Gründe. Eine Tabelle in Word oder Excel ist relativ übersichtlich, jeder kennt sich gut genug mit diesen Programmen aus, um die Liste zu bearbeiten, sei es, Kommentare in eine separate Spalte einzufügen, Zeilen mit neuen Einträgen anzulegen oder Zellen zu markieren, zu denen Fragen bestehen oder weitere Informationen gebraucht werden.

Früher oder später jedoch reicht eine einfache Liste nicht mehr aus, um alle im Terminologiebearbeitungsprozess beteiligten Programme zu bedienen, z.B. weil zu viele Konvertierungen durchgeführt werden müssen und dadurch möglicherweise Daten verloren gehen.

Wer tauscht Terminologie mit wem aus?

Es gibt verschiedene Szenarien, in denen der Austausch von Terminologie nötig wird.

- Der Kunde sendet eine Terminologieliste an die Agentur, die Agentur reicht die Liste weiter an den Übersetzer (und zurück, wenn der Übersetzer die Terminologieliste beim Übersetzen bearbeitet oder Fragen hat).
- Austausch von Listen zwischen Übersetzern.
- Export der Terminologie aus einer Terminologiedatenbank eines Übersetzungssystems und Bearbeitung und Import in ein anderes System (z.B. ein

anderes Translation-Memory-System oder ein maschinelles Übersetzungssystem).

- Einlesen der Inhalte eines Terminologiemanagementsystems in ein Terminologieprüfprogramm.
- Verwendung der Inhalte eines Terminologiemanagementsystems als Ausschlussliste in einem Terminologieextraktionsprogramm.
- Export einer Terminologieliste aus einem Extraktionsprogramm zur Weiterverarbeitung und zum Einlesen in ein Terminologiemanagementsystem

Was wird ausgetauscht?

Je nach Verwendungszweck sehen die terminologischen Daten anders aus:

- Beim Austausch zwischen Kunde – Agentur – Übersetzer kommt es vor allem auf die firmen- und fachspezifischen Benennungen an, auf Definitionen und Produkt- bzw. Projektinformationen.
- Beim Austausch in Richtung maschineller Übersetzung (MÜ) brauchen die Einträge noch weitere Informationen, die dem MÜ-System zur Analyse der jeweiligen Sprache dienen, Genus, Wortart ...
- Beim Austausch in Richtung Terminologieprüfprogramme kommt es vor allem auf den zu prüfenden Status (verboten, erlaubt) der Benennungen an.

2 Terminologieaustausch in 6 Stufen

Während meiner Arbeit mit meinen Kunden sind mir verschiedene Szenarien der Terminologiearbeit begegnet. Im Groben lassen sie sich in 6 verschiedene Stufen einteilen, wobei die Stufen 5 und 6 bisher eher selten anzutreffen sind.

Stufe 1

Die Terminologie wird nicht separat weitergegeben. Der Kunde liefert der Agentur/dem Übersetzer Referenzmaterial von vorherigen Übersetzungen und erwartet, dass der Übersetzer sich die entsprechenden Informationen aus den mitgelieferten Daten heraussucht.

- Vorteil für den Kunden: wenig Aufwand, einfache Handhabung.
- Vorteil für den Übersetzer: besser als nichts, auch wenn es viel manuelles Suchen bedeutet.
- Nachteil für den Kunden: Er hat keine Kontrolle oder Prüfmöglichkeit zur konsistenten Verwendung der Terminologie (außer dem Korrekturlesen – was aber bedeuten würde, dass der Korrekturleser jegliche Terminologie im Kopf haben muss).
- Nachteil für den Übersetzer: die Terminologierecherche wird sehr zeitaufwendig, die Zeit für die Terminologiesuche wird meist nicht bezahlt.

Stufe 2

Es existieren Terminologielisten, aber meist nur für eine Sprache, und diese sind oft nicht vollständig und/oder nicht auf dem neuesten Stand. Meist wird vereinbart, dass der Übersetzer diese Listen beim Übersetzen füllt und/oder erweitert. Die Liste wird beim nächsten Übersetzungsauftrag wieder an den Übersetzer geschickt. Eine Aufarbeitung der gesammelten Terminologie findet beim Kunden nicht oder nur in geringem Umfang statt.

- Vorteil für den Kunden: Durch die Rücksendung neuer Übersetzungen oder das Auffüllen der Terminologieliste ist eine Grundlage für weitere Terminologiearbeit geschaffen.
- Vorteil für den Übersetzer: Es gibt erste Anhaltspunkte, und der Übersetzer kann die Terminologiesammlung mit beeinflussen.
- Nachteil für den Kunden: Die Listen werden zwar länger, aber noch nicht unbedingt besser. Das Potential einer Terminologieliste wird noch nicht ausreichend genutzt.
- Nachteil für den Übersetzer: Ohne Rückmeldung vom Kunden, was in dieser Stufe eher selten geschieht, ist die Terminologieliste zwar eine Hilfe, aber noch keine Garantie für korrekte bzw. vom Kunden freigegebene Terminologie. Häufig fehlt es auf Kundenseite an Ressourcen (Zeit, Personal) und/oder Sprachkompetenz, um die Terminologievorschläge zu prüfen

Datum	date
DCOM	Distributed COM, DCOM
DHTML-Bearbeitungskomponente	Dynamic HTML Editing Component, dhtml component
Dokumentenobjektmodell	Document Object Model, DOM
DOM	Document Object Model (dom)
Dongle	dongle
Eingabegebietsschema	input locale
eingetragen	registered
formatierter Text	formatted text
Gebietsschema	locale
Glyph	glyph
JavaScript	JavaScript
Klient	client computer, client
kostenlos	free
LAN	LAN, local area network

Abb. 1: Beispiel für eine einfache Terminologieliste.

Stufe 3

Auf Kundenseite ist schon viel Grundsatzarbeit geleistet worden. Die Terminologielisten werden in Formaten vorgehalten, die es dem Übersetzer möglich machen, diese in ein Terminologiemanagementsystem einzulesen (oder es für ein solches ohne allzu großen Aufwand zu konvertieren). Hierzu zählen vor allem Excel-Listen oder auch reine Textdateien (z.B. tabulatorgetrennte Dateien).

Der Übersetzer ist meist gehalten, die Listen beim Übersetzen zu ergänzen und zu kommentieren. Die ergänzten Listen werden auf Kundenseite geprüft und überarbeitet. Die Kommunikation zu neuer oder geänderter Terminologie findet während des gesamten Übersetzungsprojektes statt oder zumindest gebündelt am Ende des Projektes, sodass alle Beteiligten dann auf dem aktuellsten Stand sind. Je nach Verfügbarkeit der Programme werden bereits Terminologieprüfprogramme eingesetzt, meist auf Seiten der Agentur im Rahmen der Qualitätskontrolle/des Korrekturlesens.

- Vorteil für den Kunden: Vorhandene Listen werden erweitert und mit Hilfe des Übersetzers gefüllt. Die Vorgaben erhöhen die Konsistenz und verringern die Fragen vom Übersetzer.

- Vorteil für den Übersetzer (Wenn die Liste mit einem Übersetzungsprogramm genutzt wird): Beim Übersetzen schlägt die automatische Terminologieerkennung des Translation-Memory-Systems mögliche Übersetzungen vor. Der Übersetzer muss die Terminologie nicht mehr manuell suchen. Außerdem kann das Terminologiemanagementsystem weitere Informationen wie Definitionen oder Anmerkungen anzeigen (sofern diese in den importierten Listen vorhanden waren). Der Übersetzer kann beim Übersetzen neue Benennungspaare ins Terminologiemanagementsystem einfügen. Die Übersetzungen werden konsistenter und der Übersetzer weiß, welche Terminologie der Kunde wünscht.
- Nachteil für den Kunden: Wenn der Kunde kein oder nicht das gleiche Terminologiemanagementsystem einsetzt wie die Agentur/ der Übersetzer, muss ein Terminologieaustausch immer über Terminologielisten (möglicherweise mit Konvertierungen) stattfinden.
- Nachteil für den Übersetzer: Wenn der Kunde kein Terminologiemanagementsystem einsetzt, müssen die ergänzten oder neuen Benennungen meist als (Excel-)Liste zurückgeliefert werden, was einen Export der Daten aus dem Terminologiemanagementsystem des Übersetzers erfordert.

	A	B	C	D	E	F	G
	Bereich	Deutsch	Verwendung	Deutsch	Verwendung	Englisch	Englisch
1	WEB	ASP				Active Server Pages	ASP
2		Benutzerrolle		Rolle		role	user role
3	WEB	Browser				browser	Web browser
4		Client	bevorzugt	Klient	nicht verwenden	client computer	client
5		COM				Component Object Model	COM
6		Datensatz				record	
7		Datum				date	
8		DCOM				Distributed COM	DCOM
9		DHTML-Bearbeitungskomponente				Dynamic HTML Editing Component	DHTML Component
10		Dokumentenobjektmodell		DOM		Document Object Model	DOM
11		Dongle				dongle	
12		Eingabegebietsschema				input locale	
13		eingetragen				registered	
14		formatierter Text				formatted text	
15		Gebietsschema				locale	
16		Glyph				glyph	
17		JavaScript				JavaScript	
18		kostenlos				free	
19				Lokales Netzwerk		LAN	local area network
20		LAN					
21		Microsoft SQL Server				Microsoft SQL Server	
22		Middleware				middleware	
23		rückwärts				backward	
24		Script				script	
25	Hardware	Server		Server	bevorzugt	server computer	server
26	Software	Serversoftware				server software	
27		Skript				script	writing system
28		SQL				Structured Query Language	SQL

Abb. 2: Beispiel einer aufgearbeiteten Terminologieliste, die in ein Terminologieverwaltungssystem eingespielt werden kann.

Stufe 4

Sowohl beim Kunden als auch bei der Agentur/beim Übersetzer wird das gleiche Terminologiemanagementsystem eingesetzt. Der Austausch der Daten erfolgt über das programmeigene Export-/Importformat. Die Beteiligten am Übersetzungsprojekt haben einen standardisierten Prozess, mit dem Fragen zur Terminologie zeitnah geklärt werden können. Die Zuständigkeiten für Terminologiefragen sind festgelegt. Es erfolgt eine ständige Bearbeitung des Datenbestandes, um diesen auf dem neuesten Stand zu halten.

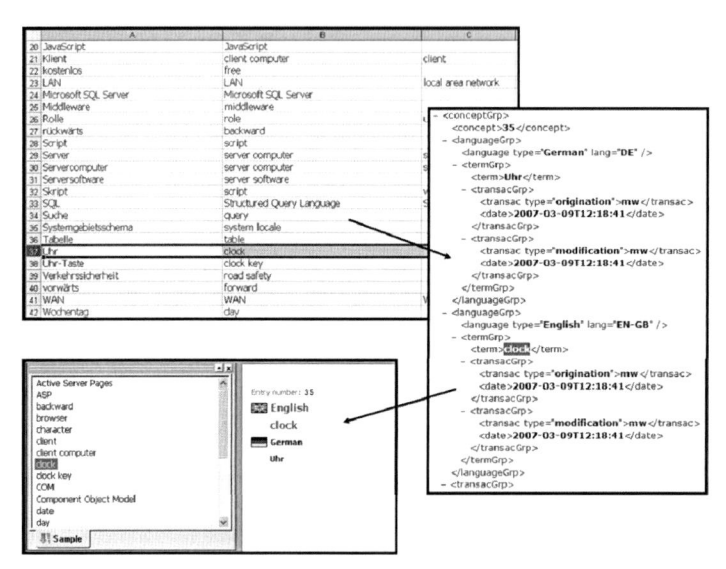

Abb. 3: Initialaufwand der Konvertierung einer Excel-Tabelle in das Importformat des Terminologiemanagementsystems und Anzeige der importierten Terminologie im Terminologiemanagementsystem.

- Vorteil für den Kunden: Er hat die Kontrolle über die Terminologie der eigenen Produkte und trägt so auch mit zu einer einheitlichen *Corporate Identity (CI)* bei. Die Terminologie könnte auch für andere Zwecke als für die Übersetzung genutzt werden.

- Vorteil für den Übersetzer: Einfacher Austausch der Daten, da die Vorbereitung und die Konvertierung von Terminologielisten wegfällt.

- Nachteil für den Kunden: Der zeitliche und personelle Aufwand für die Terminologiearbeit darf nicht unterschätzt werden. Ebenso entstehen Kosten für die professionelle Bearbeitung der Terminologie auf Agentur- und Übersetzerseite.

- Nachteil für den Übersetzer: Terminologiearbeit ist aufwendig und wird vom Kunden meist nicht in vollem Umfang bezahlt. Die Reaktionszeit des Kunden auf Fragen kann sehr langsam sein.

Stufe 5

Kunde, Agentur und Übersetzer arbeiten nicht nur mit dem gleichen Terminologiemanagementsystem, sondern dieses ist auch noch online verfügbar (vgl. Abb. 4 und Abb. 5) und kann von allen Beteiligten – je nach den zugewiesenen Rechten – für die Abfrage oder Bearbeitung von Terminologie gleichzeitig verwendet werden. Nur Einträge, die vom Verantwortlichen (z.B. auf Kundenseite) freigegeben wurden, werden angezeigt. Der Nutzerkreis der Terminologie kann sich auf die gesamte Firma ausweiten, eventuell sogar auf deren Kunden.

- Vorteil für den Kunden: Eine Online-Terminologiedatenbank verlangt die Erteilung von Rechten, somit wird die Verantwortlichkeit klarer. Der Kunde hat volle Kontrolle über seine Terminologie. Die Terminologie kann auch außerhalb des Übersetzungsprozesses genutzt werden.

- Vorteil für den Übersetzer: Schnellere Reaktionszeiten des Kunden auf Terminologiefragen sind möglich. Man kann immer mit der aktuellsten Version der Datenbank arbeiten.

- Nachteil für den Kunden: Der zeitliche und personelle Aufwand für die Bearbeitung von Terminologie muss eingeplant werden. Wenn der Kunde das Online-System vorhält, kommen Kosten für die Serverlösung und administrativer Aufwand für die Verwaltung der Nutzer hinzu.

- Nachteil für den Übersetzer: Er ist gezwungen, online zu sein, um mit der Datenbank arbeiten zu können. Es existieren keine lokalen Kopien der Terminologie beim Übersetzer mehr. Eine schlechte oder teure Internetverbindung kann hier die Arbeit beeinträchtigen.

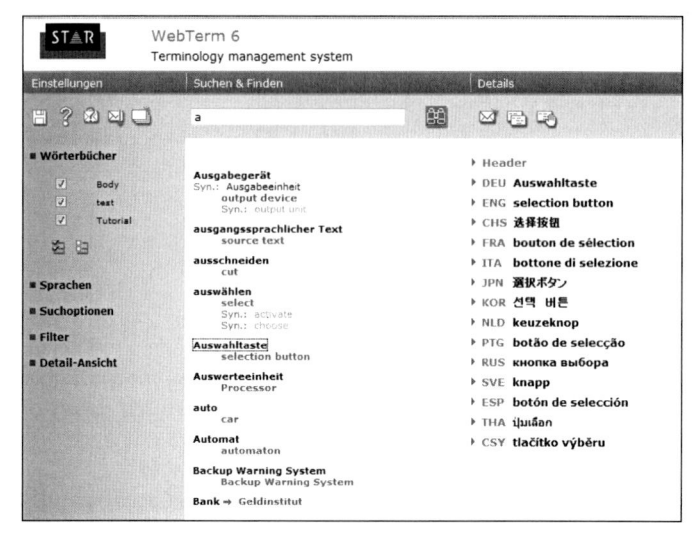

Abb. 4: Online-Terminologiedatenbank Star WebTerm.

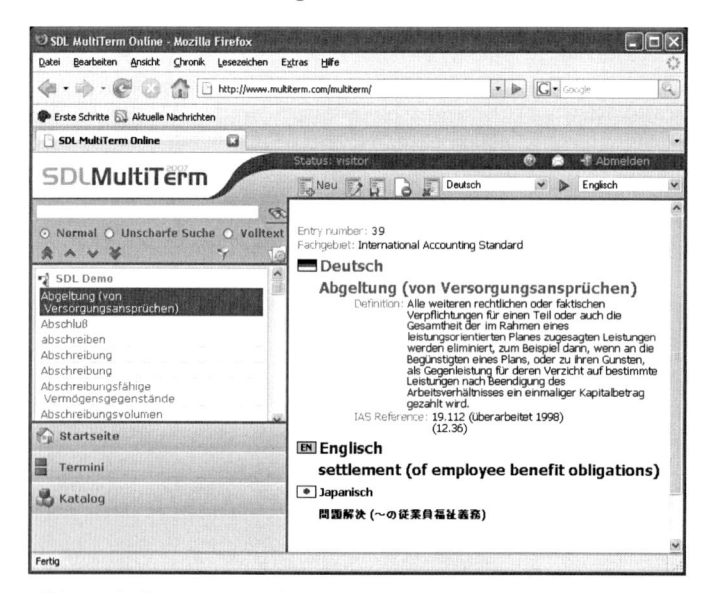

Abb. 5: Online-Terminologiedatenbank SDL Trados MultiTerm.

Stufe 6

So gut der Austausch von Terminologie auch funktioniert, wenn alle Beteiligten das gleiche Terminologiemanagementsystem verwenden, so schwierig kann es werden, wenn man aus diesem System heraus Terminologie mit anderen Systemen austauschen will. Für einen programmunabhängigen Austausch bieten sich Standard-Austauschformate an. Das neueste Format, welches im Herbst 2008 zum ISO-Standard erhoben wurde, ist TBX (TermBase Exchange). Mit einem solchen Standardformat werden noch weitere Nutzungsmöglichkeiten (ohne allzu viel Konvertierungen) möglich.

- Prüfungen (Konsistenz, Verwendung verbotener Benennungen) in der Ausgangssprache.
- Verwendung (Terminologieerkennung in TM-Systemen) und Prüfung der Verwendung in der Zielsprache.
- Stoppwortliste in Terminologieextraktionsprogrammen.
- Lexikon für maschinelle Übersetzungssysteme.
- Als Schlüsselwörter (vor allem bei Synonymen) in Suchmaschinen.
- Indexierung von Dokumentenbeständen für Wissensdatenbanken.
- Austausch von terminologischen Daten zwischen verschiedenen Terminologiedatenbanksystemen.
- Darstellung der Terminologie im Internet

Der Einsatz von Standardformaten erhöht die Weiterverwendbarkeit der Terminologie.

- Vorteil für den Kunden: Die erarbeitete Terminologie steht für viele verschiedene Zwecke zur Verfügung.
- Vorteil für den Übersetzer: In allen Werkzeugen, die das Standardformat unterstützen, kann mit der gleichen Terminologiebasis gearbeitet werden.
- Nachteil für den Kunden: Initialaufwand, um die Daten so aufzubereiten, damit das Standardformat exportiert und importiert werden kann, falls das verwendete Terminologiemanagementsystem dieses Format noch nicht (voll) unterstützt.
- Nachteil für den Übersetzer: Werkzeuge, die das Standardformat noch nicht unterstützen, können nicht oder nur eingeschränkt verwendet werden.

```
- <conceptGrp>
    <concept>7331</concept>
    <system type="entryClass">0</system>
  - <transacGrp>
      <transac type="origination">local</transac>
      <date>2005-03-10T14:45:27</date>
    </transacGrp>
  - <transacGrp>
      <transac type="modification">UMuegge</transac>
      <date>2005-04-22T14:06:32</date>
    </transacGrp>
  - <descripGrp>
      <descrip type="EntryStatus">approved</descrip>
    </descripGrp>
  - <descripGrp>
      <descrip type="BusUnit">CRM</descrip>
    </descripGrp>
  - <descripGrp>
      <descrip type="Product">Concerto/Virtuoso</descrip>
    </descripGrp>
  - <descripGrp>
      <descrip type="Project">Concerto/Virtuoso</descrip>
    </descripGrp>
  - <descripGrp>
      <descrip type="Definition">the capability of a distance telemetry enabled programmer
      suitable implanted device who are within range of the programmer</descrip>
    </descripGrp>
  - <languageGrp>
      <language type="English" lang="EN-US" />
    - <termGrp>
        <term>patient identifier</term>
      - <descripGrp>
          <descrip type="PartOfSpeech">noun</descrip>
        </descripGrp>
```

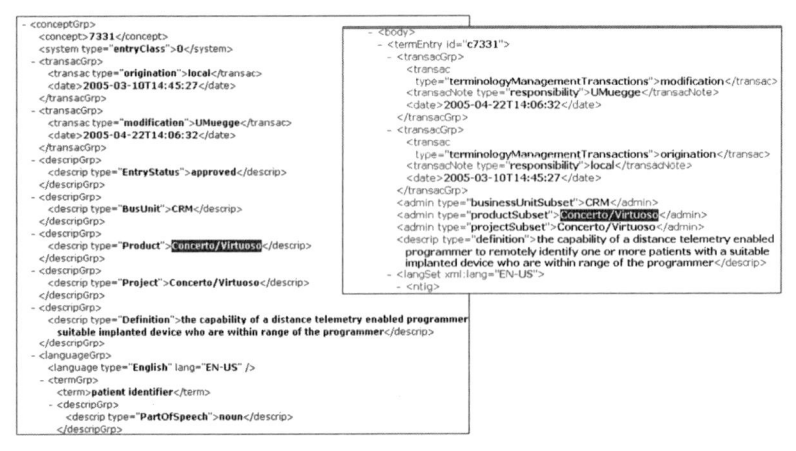

```
- <body>
  - <termEntry id="c7331">
    - <transacGrp>
        <transac
          type="terminologyManagementTransactions">modification</transac>
        <transacNote type="responsibility">UMuegge</transacNote>
        <date>2005-04-22T14:06:32</date>
      </transacGrp>
    - <transacGrp>
        <transac
          type="terminologyManagementTransactions">origination</transac>
        <transacNote type="responsibility">local</transacNote>
        <date>2005-03-10T14:45:27</date>
      </transacGrp>
      <admin type="businessUnitSubset">CRM</admin>
      <admin type="productSubset">Concerto/Virtuoso</admin>
      <admin type="projectSubset">Concerto/Virtuoso</admin>
      <descrip type="definition">the capability of a distance telemetry enabled
      programmer to remotely identify one or more patients with a suitable
      implanted device who are within range of the programmer</descrip>
    - <langSet xml:lang="EN-US">
        <ntig>
```

Abb 6: TBX-Format links (Beispieldatei von Medtronic) und korrespondierende Importdatei für SDL Trados MultiTerm rechts. Die Struktur-Tags müssen angepasst werden (Mapping).

Medtronic Data Mapping	
Medtronic	TBX
<conceptGrp>	<termEntry>
<transacGrp>	<transacGrp>
<transac type="origination"> </transac>	<transac type="origination"></transac>
<date></date>	<date></date>
</transacGrp>	</transacGrp>
<transacGrp>	<transacGrp>
<transac type="modification"></transac>	<transac type="modification"> </transac>
<date></date>	<date></date>
</transacGrp>	</transacGrp>
<descrip type="EntryStatus">approved</descrip>	<termNote type="administrativeStatus">approved</termNote>
<descripGrp>	<adminGrp>
<descrip type="Security">Public</descrip>	<admin type="securitySubset">Public</admin>
</descripGrp>	</adminGrp>
<descripGrp>	<adminGrp>
<descrip type="BusUnit">CRM</descrip>	<admin type="businessUnitSubset">CRM</admin>
</descripGrp>	</adminGrp>

Abb. 7: Notwendiges Mapping, um vom TBX-Standardformat in das Format von SDL Trados MultiTerm zu kommen – einige Tags müssen umbenannt werden.

3 Austauschformate

An Austauschformaten mangelt es eigentlich nicht, denn schon seit Mitte der 60er Jahre des 20. Jahrhunderts wird immer wieder an Austauschformaten für terminologische Daten gearbeitet. Zu nennen wären hier z.b. **MATER** (Magnetic Tape Exchange for Terminolgical Records) für Großrechnersysteme und **MicroMATER** dann mit dem Aufkommen von PCs. Weiter **TEI** (Text Encoding Initiative, 1987) für die Auszeichnung literatur- und geisteswissenschaftlicher Texte.

OLIF (Open Lexicon Interchange Format) ist ebenfalls ein Austauschformat für terminologische Daten, entwickelt von Nutzern und Herstellern von Systemen zur maschinellen Übersetzung.

Als sich die Entwickler von MicroMATER und TEI zusammenschlossen, um einen neuen Standard zu schaffen – MARTIF (Machine-readable Terminology Interchange Format) –, wurde dieser sogar zur ISO-Norm (ISO 12200:1999).

Dennoch ergeben sich auch mit diesem Austauschformat gewisse Schwierigkeiten. Es ist ein sogenannter „negotiated exchange", bei dem Daten nur dann ausgetauscht werden können, wenn sich die Beteiligten über die Strukturen und Schreibweisen einig sind, z.B. bestimmte Datenkategorien oder die Inhalte der Kategorien (Genus = m./f./n. versus Genus = maskulin/feminin/neutrum). Außerdem basiert MARTIF auf SGML und kann vor allem lateinisch basierte Sprachen verarbeiten, andere dagegen nur mit zusätzlichem Aufwand.

Die Hoffnung liegt nun auf einem sogenannten "blind exchange", also einem Austausch von Daten, die unterschiedlich strukturiert sein können und bei denen keine vorherige Absprache stattfinden muss. Dazu wird von SGML auf XML umgestellt, auch um den Austausch im Internet zu ermöglichen. Die Datenkategorien erhalten feste Definitionen für die Inhalte, und es werden mehr Zeichensätze unterstützt. Dieser Standard heißt TBX (TermBase Exchange) und wurde im Herbst 2008 zur ISO-Norm (ISO 30042).

TBX (TermBase Exchange)

Aus der TBX-Spezifikation:

TBX is an open XML-based standard format for terminological data.

TBX is designed to support the analysis, representation, dissemination, and exchange of information from human-oriented terminological databases (term bases).

TBX is built on the basis of ISO 12620 (data categories) and ISO 12200 (MARTIF – Machine-readable Terminology Interchange Format, core structure).

```
<tu tuid="1" datatype="Text" srclang="en-us">
  <tuv xml:lang="en-us">
    <seg>This is a test.</seg>
  </tuv>
  <tuv xml:lang="de">
    <seg>Dies ist ein Test.</seg>
  </tuv>
  <tuv xml:lang="ja">
    <seg>テストです。</seg>
  </tuv>
  <tuv xml:lang="zh-cn">
    <seg>这是试验。</seg>
  </tuv>
</tu>
```

```
- <termEntry id="c2">
  - <descrip type="subjectField">
      Hardware \ Other Processing Units and Specialized Devices
    </descrip>
    <descrip type="relatedConceptBroader">acceptor</descrip>
  - <langSet xml:lang="en">
      <admin type="productSubset">Retail Store Solutions</admin>
    - <adminGrp>
        <admin type="sourceIdentifier">Translation Services Center</admin>
      </adminGrp>
    - <ntig>
      - <termGrp>
          <term>bill acceptor</term>
          <termNote type="partOfSpeech">noun</termNote>
        </termGrp>
      - <descrip type="context">
          Accepts bill denominations of $1, $2, $5, $10, $20, $50 and $100. The bill acceptor cassette holds 600 bills. It detects and rejects counterfeit bills.
        </descrip>
      </ntig>
    </langSet>
  - <langSet xml:lang="fr">
      <admin type="productSubset">Retail Store Solutions</admin>
    - <ntig>
      - <termGrp>
          <term>accepteur de billets</term>
          <termNote type="partOfSpeech">nom</termNote>
        </termGrp>
      </ntig>
    </langSet>
  </termEntry>
```

Abb. 8: Vergleich eines TMX-Eintrags (viersprachiger Eintrag aus einem Translation-Memory-System) links und einem zweisprachigen TBX-Eintrag rechts.

Zusätzlich zum vollen TBX-Format steht nun auch TBX-Basic zur Verfügung (aus der Spezifikation zu TBX-Basic):

TBX-Basic is a standard under development by the OSCAR Steering Committee of LISA. TBX-Basic is intended to be a lighter version of TBX, particularly suited to small or medium sized language industries. While the primary audience is localization service providers (LSPs), the format is also suited for any language application that requires a lightweight approach to terminology management, such as controlled authoring and content management.

Obwohl dieses und andere Standardformate schon länger zur Verfügung stehen, wurden sie bisher nur wenig genutzt, da sie recht komplex sind.

```
                          <termEntry id="c2">
Globale Informationen     - <descrip type="subjectField">
im Eintragskopf             Hardware \ Other Processing Units and Specialized Devices
                          </descrip>
                          <descrip type="relatedConceptBroader">acceptor</descrip>
Sprachzuordnung           - <langSet xml:lang="en">
                            <admin type="productSubset">Retail Store Solutions</admin>
Administrative Daten      - <adminGrp>
einer Sprache               <admin type="sourceIdentifier">Translation Services Center</admin>
                          </adminGrp>
                          - <ntig>
Benennung Englisch        - <termGrp>
                            <term>bill acceptor</term>
                            <termNote type="partOfSpeech">noun</termNote>
                          </termGrp>
                          - <descrip type="context">
Informationen               Accepts bill denominations of $1, $2, $5, $10, $20, $50 and $100. The bill acceptor cassette
auf Benennungsebene         holds 600 bills. It detects and rejects counterfeit bills.
                          </descrip>
                          </ntig>
                          </langSet>
Sprachzuordnung           - <langSet xml:lang="fr">
                            <admin type="productSubset">Retail Store Solutions</admin>
                          - <ntig>
Benennung Französisch     - <termGrp>
                            <term>accepteur de billets</term>
                            <termNote type="partOfSpeech">nom</termNote>
                          </termGrp>
                          </ntig>
                          </langSet>
                          </termEntry>
```

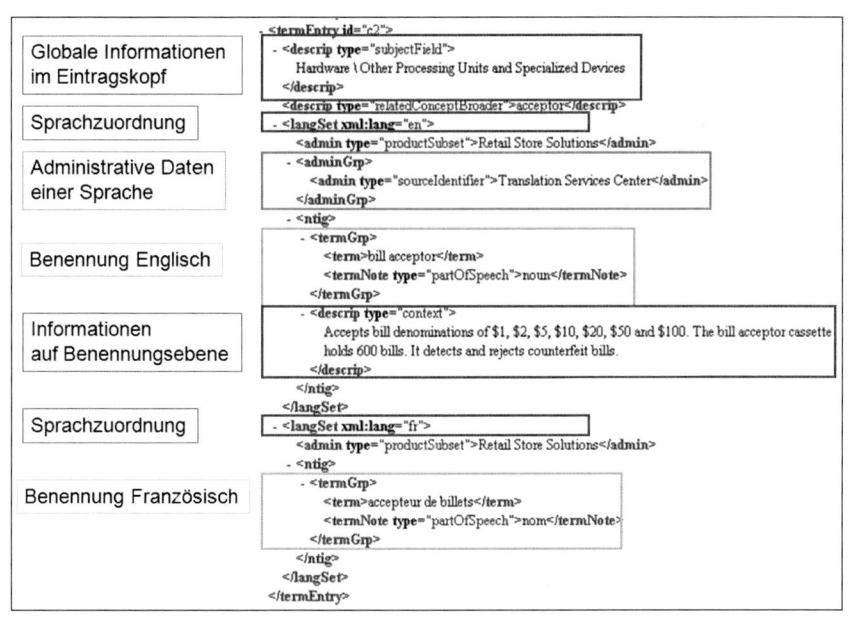

Abb. 9: Ein Eintrag in Englisch und Französisch im TBX-Format mit Kennzeichnung der einzelnen Bereiche.

Um terminologische Daten zu beschreiben, stehen mehr Möglichkeiten zur Verfügung, und es werden normalerweise auch mehr Information benötigt, als für die Beschreibung von Satzpaaren in einem Translation Memory.

Auch ist die Verbreitung des Standards als Format in Terminologiemanagementsystemen bisher eher gering. Da aber TBX nun zum ISO-Standard erhoben wurde, ist damit zu rechnen (und wurde auch bei verschiedenen Gesprächen mit Herstellern von Terminologiesystemen bestätigt), dass in den nächsten Versionen der Programme der TBX-Standard entweder direkt unterstützt oder zumindest eine Konvertierungs- oder Mapping-Routine zur Verfügung gestellt werden wird.

4 Zusammenfassung

Der Austausch terminologischer Daten kann mit verschiedenen Mitteln stattfinden. Am einfachsten geschieht dies über Listen, deren Format jeder Beteiligte ohne Probleme bearbeiten kann. Vor allem Word- und Excel-Listen werden hier verwendet und haben meiner Meinung nach auch ihre Berechtigung, da sie einfach zu erstellen und zu bearbeiten sind und niemand ein spezielles Programm erlernen muss, um damit zu arbeiten.

Je professioneller die Terminologiearbeit jedoch wird, desto mehr werden dedizierte Terminologiemanagementsysteme eingesetzt, die einen komplexeren Aufbau haben, aber auch eine bildhafte Darstellung der Daten erlauben. Hier reicht eine Liste als Austauschformat meist nicht mehr aus. Da die Formate der verschiedenen Terminologiemanagementsysteme jedoch nicht so einfach ineinander überführbar sind, stehen hier Austauschformate zur Verfügung, wie z.B. TBX. Dadurch, dass TBX nun ein ISO-Standard ist, wird sich die Unterstützung dieses Formats in den diversen Übersetzungsprogrammen weiter verbreiten. Allerdings entsteht hier auch eine neue Ebene der Komplexität, die von denjenigen, die Terminologie verarbeiten, ein gutes Verständnis der Strukturierung terminologischer Daten verlangt.

Literatur

Melby, Alan (2005): Interchange using TBX. www.termsciences.fr/IMG/ppt/Melby_Alan-TBX-tutorial.ppt

Melby, Alan K./Schmitz, Klaus-Dirk/Wright, Sue E. (2001): Terminology Interchange. In: Wright, Sue E./Budin, Gerhard (Hrsg.): Handbook of Terminology Management. Volume 2: Application-Oriented Terminology Management. Amsterdam, Philadelphia: John Benjamins Publishing Company, 613-642.

Reineke, Detlef: TBX – ein neuer Stern am Firmament? www.ialb.net/inhalte/Reineke.pdf

Spezifikationen und Einführungen

TBX: www.lisa.org/tbx

OLIF: www.olif.net

MARTIF: www.ttt.org/clsframe/negotiated.html

Demo-Online-Datenbanken

Star Webterm: www.star-webterm.com

SDL Trados MultiTerm Online: www.multiterm.com/multiterm

Beispieldaten

TBX und Mapping Table: www.lisa.org/TBX-Resources.650.0.html

Toolgestützte Terminologieextraktion

Karina Eckstein

Nach wie vor gilt die Terminologiearbeit als kostenintensiv und zeitaufwendig. Professionelle Methoden und Werkzeuge für die professionelle Terminologiearbeit haben sich in den letzten Jahrzehnten jedoch stark verändert und entwickelt, und die Unterstützung durch Computer und Software können die Arbeit deutlich beschleunigen und den Arbeitsaufwand verringern. Dazu gehört auch die computergestützte Erarbeitung eines Terminologiebestandes mit Hilfe sogenannter Terminologieextraktionsprogramme (TEP).

In dem vorliegenden Artikel erfahren Sie, was Terminologieextraktion ist und wie sie funktioniert und was bei der Auswahl eines Terminologieextraktionsprogramms zu beachten ist. Sie erhalten ferner einen Überblick über Funktionen der TEP MultiTerm Extract, Phrase Finder, TermiDOG und die Extraktion im Across Language Server.

1 Terminologieextraktion

Der erste Schritt innerhalb der professionellen Terminologiearbeit ist die Sammlung und Gewinnung von terminologischen Daten. Dafür ist zunächst die Beschaffung und Analyse von vorhandenem Dokumentationsmaterial notwendig. Aus diesem Bestand können anschließend terminologisch relevante Informationen herausgezogen werden. Diese sogenannte „Terminologieakquisition (engl.: term acquisition)" (Zielinski 2002:5) dient der Gewinnung von terminologischen Ausgangsdaten mit dem Ziel des Aufbaus einer Terminologiedatenbank. Dabei werden ein oder mehrere fachsprachliche Texte analysiert, um Wörter und Phrasen herauszufiltern, die möglicherweise einen Terminus darstellen, sogenannte Termkandidaten (TK). Dabei müssen allgemeinsprachliche und fachsprachliche Termkandidaten unterschieden werden, da ausschließlich letztere für die Terminologiearbeit interessant sind.

2 Manuelle vs. toolgestützte Terminologieextraktion

Wird manuell extrahiert, liest und versteht der Terminologe einen Fachtext und entscheidet aufgrund seines spezifischen Fachwissens und unter Beachtung der Zielsetzung der Extraktion, welcher Terminus für die Terminologiedatenbank in Frage kommt. Dabei können die Termkandidaten zunächst von Hand markiert werden, um dann schriftlich oder aus einem maschinenlesbaren Textkorpus mittels Kopieren und Einfügen in eine Liste übernommen zu werden. Wenn gleichzeitig auch Kontextbeispiele, Quellenangaben und andere Zusatzinformationen mit aufgenommen werden sollen, wird dieser Vorgang besonders mühsam und zeitaufwendig. Zudem wird der Bearbeiter schnell mit den Grenzen seiner Gedächtnisleistung konfrontiert: „Habe ich diesen Terminus schon aufgenommen oder nicht?".

Neben der manuellen Terminologieextraktion kann sich der Terminologe auch von spezieller Software zur Terminologieextraktion unterstützen lassen. Wie in Abb. 1 dargestellt kann hierbei zwischen automatischer, halbautomatischer und manueller TE unterschieden werden.

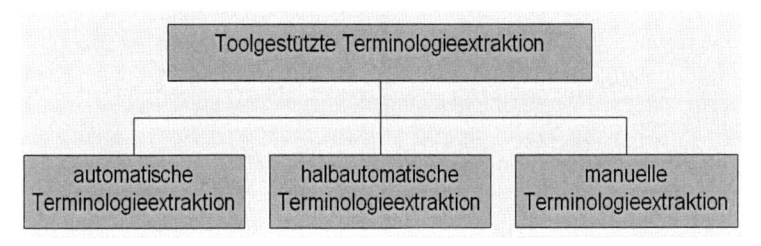

Abb. 1: Methoden der toolgestützten Terminologieextraktion.

Genau wie die Systeme zur automatischen Terminologieextraktion filtern halbautomatische TEP die Termkandidaten auf der Basis linguistischer, statistischer oder kombinierter Verfahren aus einem Text. Zur Analyse des Textmaterials greifen beide meist auf Hilfsdaten wie allgemeinsprachige Wörterbücher, Lexika oder Ausschlusslisten (Stoppwortlisten) zurück. Neben der Identifikation und Klassifizierung der Termkandidaten wird eventuell die Ausgabe von Zusatzinformationen unterstützt, wie zum Beispiel die Anzahl der Vorkommen im Text, Informationen zum Kontext (Fundstelle) sowie die Grundform eines flektierten Ausdrucks (vgl. Lieske 2002). Das Ergebnis ist bei beiden Verfahren eine Termkandidatenliste. Bei der halbautomatischen TE ist anschließend die Prüfung und Entscheidung durch den Terminologen notwendig. Dieser beurteilt, ob ein Termkandidat tatsächlich ein Terminus ist und in die Terminologiesammlung aufgenommen wird. Bei der automatischen TE entfällt dieser Schritt, da die Software selbst eine Überprüfung und Gewichtung der TK vornimmt.

Die Terminologieextraktion ist auch dann „toolgestützt", wenn der Terminologe bei der im vorherigen Abschnitt beschriebenen manuellen Extraktion durch spezielle Software unterstützt wird. Die Terminologieextraktion läuft hierbei manuell ab, wird jedoch durch ein spezielles Tool unterstützt. Bereits erfasste Termini werden farblich gekennzeichnet; das doppelte Erfassen von Termini wird so ausgeschlossen. Das Problem der Grenzen des menschlichen Gedächtnisses wird damit eliminiert. Es ist außerdem von Vorteil, wenn diese Programme den Kontext und andere Zusatzinformationen (Projekt, Datum, Quelldatei usw.) zusammen mit den ausgewählten Termini automatisch mit abspeichern.

3 Vergleichskriterien für TEP

Für die Evaluierung und den Vergleich eines Terminologieextraktionsprogramms gibt es bislang kein standardisiertes Modell. Dennoch wurden in der Literatur bereits vergleichende Untersuchungen vorgenommen. Die Bewertung der Effizienz von TEP, die auf linguistischer Basis arbeiten, beruht zumeist auf den Kriterien „Silence" (Stille) und „Noise" (Rauschen) (Cabré Estopà/Palatresi 2001:56). Noise bezieht sich hierbei auf das Verhältnis zwischen relevanten und irrelevanten Termkandidaten, gilt also als Maß für „ungewollte" extrahierte Termkandidaten, die anschließend manuell vom Terminologen aus der Ergebnisliste gelöscht werden. Als Silence werden die Termkandidaten bezeichnet, die bei der Extraktion unentdeckt bleiben und ebenfalls manuelle Nacharbeit (Nacherfassung) erfordern. Ähnlich verhält es sich mit den Kriterien „Precision" (Präzision) und „Recall" (Vollständigkeit) zur Bewertung von TEP, ebenfalls eingeführt durch Cabré/Estopà/Palatresi (2001:55). Während der Recall Auskunft darüber gibt, wie viele relevante Termkandidaten im Verhältnis zur Gesamtzahl relevanter Termkandidaten innerhalb des Textmaterials vom Extraktionsprogramm gefunden werden, gibt Precision an, wie viele vom

Programm ausgegebene Kandidaten wirklich relevant sind, und hat somit wiederum Einfluss auf den Nachbearbeitungsaufwand durch den Terminologen. Beide Berechnungsmodelle erfordern einen intensiven Arbeitsaufwand, da sie sich jeweils auf die gesamte extrahierte Textmenge beziehen und die genaue Anzahl der im Textmaterial enthaltenen Termini bekannt sein muss, um diese mit den vom Programm ausgegebenen TK zu vergleichen. Dieser als „gold standard" bezeichnete Bezugspunkt ist in den meisten Fällen nicht vorhanden und kann nur durch manuelles Zählen von Termini ermittelt werden (vgl. Zielinski 2003:38), wodurch sich gleichzeitig ein weiteres Problem ergibt: Welche Termkandidaten manuell extrahiert werden, hängt in hohem Maße von der Definition des Begriffes „Terminus" ab, also was in diesem Zusammenhang relevante Terminologie ist – und was nicht.

Als weitere Evaluierungskriterien für TEP werden in der Literatur technische Aspekte, die Bedienoberfläche sowie Benutzerfreundlichkeit allgemein, unterstützte Formate beim Import und Export und andere Möglichkeiten des Datenaustauschs, die Unterstützung von Sprachen und Mehrsprachigkeit, Parametrisierbarkeit, Methoden im Validierungsprozess sowie ökonomische Aspekte genannt.

Bei der Auswahl eines Terminologieextraktionsprogramms in der praktischen Anwendung kommen jedoch noch weitere Aspekte zum Tragen. Hier soll im Folgenden angesetzt werden und ein Überblick über weitere Vergleichskriterien gegeben werden, die sich während der praktischen Arbeit mit verschiedenen TEP als relevant herausgestellt haben.

3.1 Arbeitsweise und Eigenständigkeit

Es stellt sich z.B. die Frage, ob ein TEP als eigenständiges Programm arbeitet oder sich in die jeweils vorhandene Arbeitsumgebung integrieren lässt. Wenn die Terminologiearbeit auf professionellem Weg durchgeführt wird, findet sie zunächst unabhängig von Übersetzungs- und Redaktionsprozessen statt. Daher sollte auch das Terminologieextraktionsprogramm als eigenständiges Tool zur Verfügung stehen. Arbeitet das Programm beispielsweise zusammen mit anderen Programmen, ist es lediglich als Teil einer Translation-Memory-Suite erhältlich, die eigentlich nicht angeschafft werden soll, oder ist es auch als eigenständiges Programm nutzbar?

3.2 Importformate und Sprachen

Die Importmöglichkeiten und die Vielfalt an extrahierbaren Sprachen sind in den verschiedenen TEP sehr unterschiedlich ausgeprägt. Wünschenswert ist, dass das TEP spezifische Formate aus Redaktions- und Übersetzungssystemen verarbeiten kann. Die Verarbeitung von verschiedenen Sprachen unterscheidet sich, je nach dem, ob das TEP statistisch bzw. linguistisch arbeitet.

3.3 Abgleich mit bestehenden Terminologiedaten

Sind bereits Terminologiedaten vorhanden, ist eine Funktion zum Abgleich von Vorteil. So werden nur die Terminologiekandidaten extrahiert und bearbeitet, die wirklich neue Terminologie darstellen. Hier bieten sich Möglichkeiten der Verknüpfung mit vorhandenen Terminologiedatenbanken oder auch des Hinzuschaltens einer Wortliste, die beispielsweise aus dem bestehenden TVS exportiert wurde.

3.4 Rückführung auf die Grundform

Eine erhebliche Vereinfachung der Nachbearbeitung der Termkandidaten ist gegeben, wenn das TEP die ausgegebenen Termkandidaten auf ihre Grundform zurückführen kann, statt diese in der Form auszugeben, in der sie im Text vorkommen. Bei Verben ist die Ausgabe im Infinitiv, bei Substantiven im Nominativ Singular wünschenswert. Da hierfür sprachliches Wissen erforderlich ist, kann diese Funktion nur von linguistischen Systemen fehlerlos ausgeführt werden.

3.5 Extraktion und Ausgabe von Metainformation

In der Terminologiearbeit sind neben den Termkandidaten auch Informationen zu Quelle und Kontext des TK relevant. Bei der Extraktion sollen demnach nicht nur die einzelnen Termini systematisch gesammelt werden, sondern auch Zusatzinformationen analog miterfasst werden, die für die weitere Bearbeitung und Verwendung in der Terminologiearbeit notwendig sind. Dazu gehören beispielsweise Quellenangaben und Kontextinformationen. Diese Angaben ermöglichen eine nachfolgende Bearbeitung der erfassten Terminologie, sprich die Einordnung in ein Sachgebiet oder Begriffssystem und das Erstellen von Definitionen. Unterstützt das TEP eine solche Funktion nicht, erhält man nach der Extraktion lediglich eine Wortliste. Kontextinformationen oder Quellenangaben müssen aufwendig nachrecherchiert werden.

3.6 Export

Ist die Terminologieextraktion abgeschlossen, müssen die Daten in irgendeiner Form exportiert werden. Auch hier ist entscheidend, in welchem Format die extrahierten Daten ausgegeben werden und ob die entstehende Datei in ein vorhandenes Terminologieverwaltungsprogramm importiert werden kann.

4 Beispiele für Terminologieextraktionsprogramme

MultiTerm Extract (SDL)

Das Terminologieextraktionsprogramm MultiTerm Extract der Firma SDL arbeitet auf statistischer Basis und wird als eigenständiges Programm angeboten. Die Extraktion ist aus ein- und zweisprachigen Dokumenten möglich wobei eine Vielzahl an Formaten unterstützt wird, wie z.B. TXT, DOC, RTF, HTML, JSP, ASP und ASPX sowie aus getaggten Formaten wie XML, SGML, SGM, TRADOS Tag-Dateien (TTX). Da das Programm ausschließlich statistisch arbeitet, kann aus nahezu allen Sprachen extrahiert werden. Die zweisprachige Extraktion erfolgt aus Translation-Memory-Daten (TMX-Format, Translator's Workbench-TMW-Dateien und TTX-Dateien), wobei die Sprachen Deutsch, Englisch, Französisch und Spanisch unterstützt werden. Die Arbeitsoberfläche von TermExtract ist in Deutsch, Englisch und Französisch verfügbar.

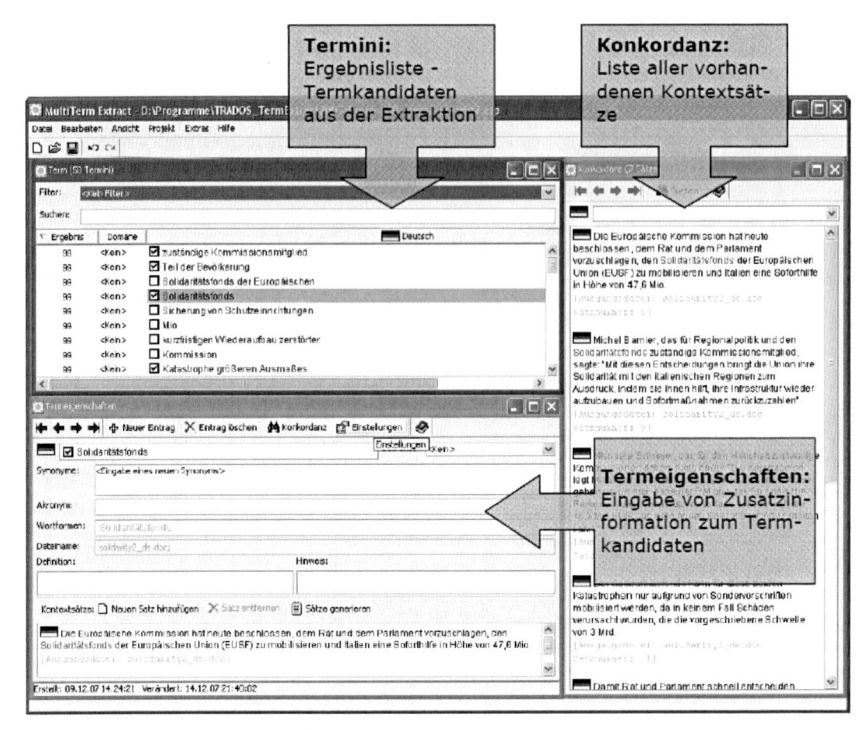

Abb. 2: *Oberfläche von MultiTerm Extract.*

In den Projekteinstellungen können jederzeit Datenbanken und Wortlisten ausgewählt werden, um Termini, die in einer Stoppwortliste oder einer bereits bestehenden MultiTerm-Datenbank erfasst wurden, aus dem Extraktionsprojekt auszuschließen. Stoppwortlisten sind für 17 verschiedene Sprachen und ein Basiswortschatz (*Basic Vocabulary*) in 4 verschiedenen Sprachen bereits im Lieferumfang von MultiTerm Extract enthalten. Des Weiteren kann eine lernende Datenbank erstellt werden, in der während der Validierung alle abgelehnten Termkandidaten protokolliert werden. Diese kann wiederum als Ausschlussliste für spätere Extraktionsprojekte dienen.

Bei der Extraktion mit MultiTerm Extract werden sämtliche Kontexte mit Quellenangabe ausgegeben. Die Rückführung auf die Grundform ist in MultiTerm Extract vorgesehen, funktioniert jedoch nicht fehlerfrei.

Der Export aus MultiTerm Extract wird durch einen Exportassistenten unterstützt. Es stehen drei verschiedene Exportdefinitionen zur Auswahl: MultiTerm iX für den Export in eine vorhandene MultiTerm-Datenbank, MultiTerm XML-Format und tabulatorgetrennt für den Export in eine TXT-Datei. Beim Export in eine tabulatorgetrennte TXT-Datei werden nur die Termkandidaten in Form einer Liste, ohne Zusatzinformationen, gespeichert. Es besteht die Möglichkeit, eigene Exportdefinitionen anzulegen, zu speichern und wieder zu verwenden.

PhraseFinder (SDL)

Ein weiteres Terminologieextraktionsprogramm ist PhraseFinder (SDL), das gleichfalls als eigenständiges Terminologieextraktionsprogramm erhältlich ist und mittels linguistischen Wissens Ein- und Mehrwortbenennungen aus Texten extrahiert. Zur Unterstützung sind spezielle Sprachregeln sowie Sprachdatenbanken hinterlegt.

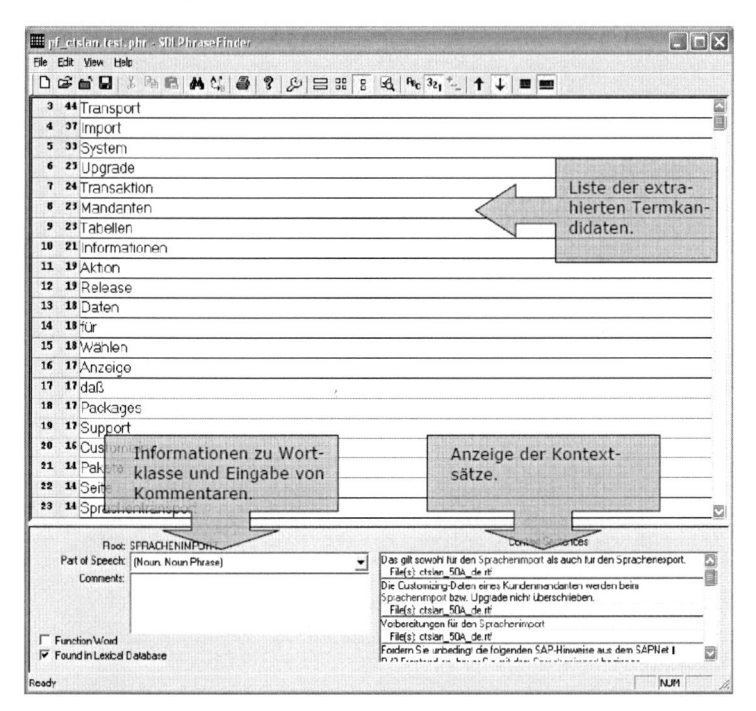

Abb.3: Ergebnisliste und Validierung in PhraseFinder.

Bei der Extraktion können ein- und zweisprachige Dokumente verarbeitet werden. Die monolinguale Extraktion unterstützt neben herstellerspezifischen Formaten wie SDLX Translation Document (ITD file) und SDLX Translation Memory (MDB file) auch HTML-, RTF- und TXT-Dateien. Bei der zweisprachigen Extraktion können ausschließlich die Formate ITD und MDB aus dem firmeneigenen Translation-Memory-Programm SDLX bearbeitet werden. Aufgrund seines linguistischen Wissens kann dieses Programm nur eine beschränkte Anzahl von Sprachen verarbeiten. Dazu gehören Deutsch, Englisch (mit den regionalen Varianten US und Britisch), Französisch, Spanisch, Portugiesisch, Italienisch und Niederländisch.

Der Abgleich mit bestehenden Terminologiedaten wird durch das Hinzufügen verschiedener Ausschlusslisten (*Blocked Lists*) ermöglicht. Aufgrund des linguistischen Wissens des Programms PhraseFinder wird eine Rückführung auf die Grundform durchgeführt.

Neben den Termkandidaten werden zusätzliche Informationen wie Häufigkeit, Relevanz und Position im Text sowie Wortklasse der TK ausgegeben. Darüber hinaus werden alle Kontexte extrahiert und angezeigt. Auch in PhraseFinder wird der Export durch einen Assistenten unterstützt. Termkandidaten und Zusatzinformationen werden in eine tabulatorgetrennte Textdatei exportiert.

Terminologieextraktion mit Across (Across Systems GmbH)

Die Terminologieextraktion in Across (Across Systems GmbH) basiert auf statistischen Verfahren und ist Teil des Übersetzungsworkflows im Across Language Server und nicht gesondert durchführbar. Zudem ist die Terminologieextraktion grundsätzlich mit einer Übersetzung der extrahierten und validierten TK verbunden, da die Workflows „TermsExtraction" und „TermsTranslation" nicht getrennt angewählt werden können. Innerhalb des Übersetzungsworkflows wird damit sichergestellt, dass alle Übersetzer auf die gleiche, bereits bearbeitete Terminologie zurückgreifen können, wenn gleichzeitig an einem partitionierten Text gearbeitet wird.

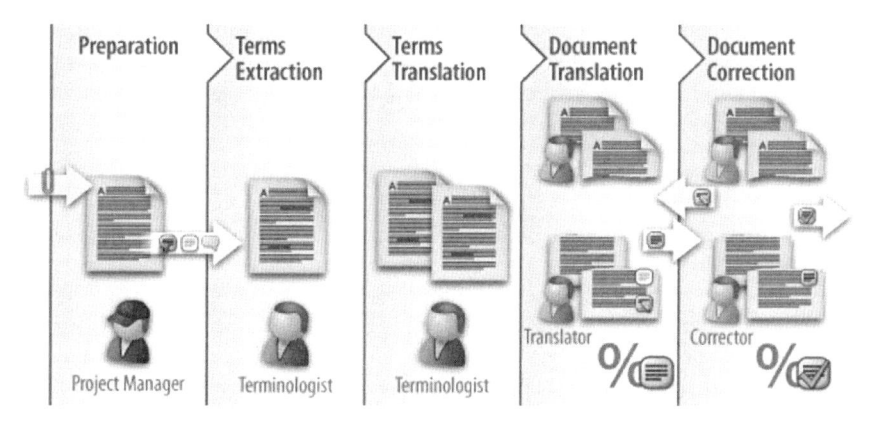

Abb. 4: Terminologieextraktion im Across-Workflow.

Es werden alle Importformate und Sprachen unterstützt, die vom Across Language Server verarbeitet werden können. Dazu gehören neben Microsoft Word (DOC), Microsoft Excel, Microsoft PowerPoint (PPT- und PPS-Dateien) auch Formate wie HTML, XML, FrameMaker MIF-Dateien, Word-basiertes Rich Text Format (RTF-Dateien) und Text-Dateien (TXT-Dateien) sowie Adobe InDesign (im INX-Format) und QuarkXPress (im XTG-Format von CopyFlow). Dabei unterstützt Across alle Sprachen, die sich über die Schriftart *Arial Unicode MS* darstellen lassen.

Während der Extraktion findet ein Abgleich mit der Across-internen Terminologiedatenbank crossTerm statt. Termini, die bereits in crossTerm vorhanden sind, werden in der Ergebnisliste der Extraktion blau gekennzeichnet. Außerdem ist der Abgleich mit einer Stoppwortliste möglich. Diese kann manuell bearbeitet oder auch als XML-Datei importiert werden. Gleichermaßen wird ein Export der Stoppwortliste in eine XML-Datei unterstützt. Die Funktion der Rückführung auf die Grundform ist bei der Terminologieextraktion im Across Language Server nicht vorgesehen.

Während der Validierung und Übersetzung der Termkandidaten wird der Kontext angezeigt, welcher jedoch nicht in die Datenbank übernommen werden kann. Dies ist wiederum auf die Konzeption von Across zurückzuführen. Sowohl die Terminologiearbeit als auch die Übersetzung finden im Across Language Server statt. Falls zu einem späteren Zeitpunkt der Kontextsatz benötigt würde, kann dieser über eine Konkordanzsuche aufgerufen werden.

Die Ergebnisse der Terminologieextraktion werden in die interne Terminologiedatenbank crossTerm überführt. Mit Hilfe des crossTerm Export Wizard können die Terminologiedaten anschließend in das XML-basierte Standardformat TBX oder in das CSV-Format exportiert werden.

Terminologieextraktion mit TermiDOG (D.O.G. GmbH)

Das Terminologieextraktionsprogramm TermiDOG von der Firma D.O.G. Dokumentation ohne Grenzen GmbH ist ein eigenständiges Tool, das weder auf linguistischer noch statistischer Basis arbeitet, sondern die manuelle Terminologieextraktion unterstützt. TermiDOG kann sprachenunabhängig eingesetzt werden. Es kann sowohl einsprachig als auch zweisprachig extrahiert werden, wobei die Formate RTF und TXT unterstützt werden.

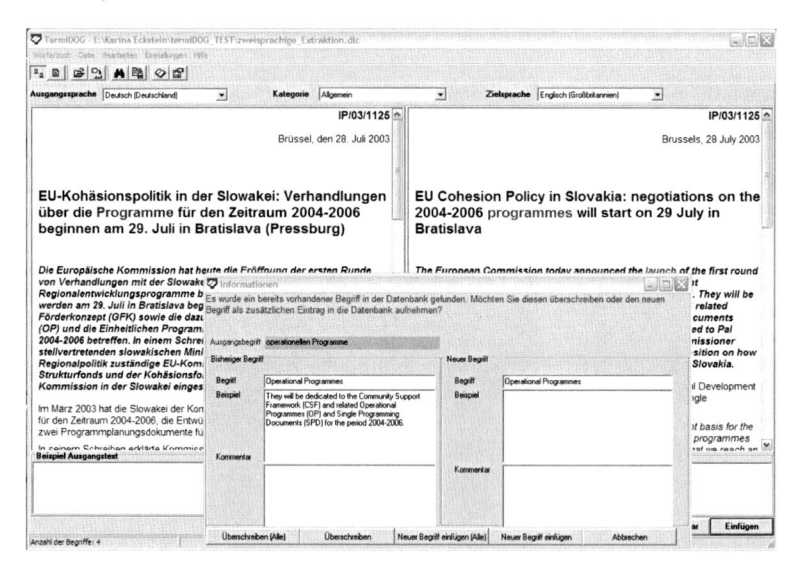

Abb. 5: Arbeitsumgebung in TermiDOG.

Da TermiDOG keine automatische Termerkennung beinhaltet, kann auch kein „automatisierter" Abgleich mit einer bestehenden Terminologieliste oder -datenbank vorgenommen werden. Während der Terminologieextraktion werden alle Benennungen, die innerhalb des Projektes bereits aufgenommen wurden, durch eine Markierung kenntlich gemacht, so dass sie nicht doppelt aufgenommen werden.

Das Einbinden und Abgleichen mit bereits vorhandenen „externen" Terminologiedaten ist nicht möglich. Bei der Extraktion der Termini wird automatisch der entsprechende Kontext in das Wörterbuch mit aufgenommen. Optional kann zu jedem Eintrag ein Kommentar hinzugefügt werden. Des Weiteren werden Informationen, die jeweils am Anfang des Extraktionsprojektes angegeben wurden (Projektname, Autor, Unternehmen/Abteilung, Fachgebiet, Sprachen), sowie Erstellungsdatum und -uhrzeit automatisch abgespeichert.

TermiDOG bietet die Möglichkeit des Exports in eine Trados TXT-Datei sowie in das HTML- und TMX-Format. Weiterhin kann direkt in die Terminologieverwaltungssysteme TermStar und MultiTerm exportiert werden.

5. Fazit

Die praktische Arbeit mit verschiedenen Terminologieextraktionsprogrammen hat gezeigt, dass die Entwicklung eines universellen Terminologieextraktionsprogramms, das allen Anforderungen genügt, noch aussteht. Welches TEP für den Einzelnen am besten geeignet ist, entscheiden letztlich die eigenen Anforderungen sowie wie die Arbeitsumgebung und -prozesse, in die die Extraktion und das Programm integriert werden sollen. Die zurzeit am Markt erhältlichen TEP weisen sowohl Stärken als auch Schwächen auf. Für den jeweiligen Einsatz, für den sie konzipiert wurden, kann mit speziellen TEP dennoch eine wesentliche Arbeitserleichterung und Zeitersparnis erreicht werden.

Literatur

Cabré Castelvì/M. Teresa/Estopà Bagot, Rosa/Palatresi, Jordi Vivaldi (2001): Automatic term detection: A review of current systems. In: Bourigault, Didier/ Jacquemin, Christian/L'Homme, Marie-Claude (Hrsg.): Recent Advances in Computational Terminology, 53-87.

Eckstein, Karina (2008): Evaluierung und Vergleich von Terminologieextraktionsprogrammen aus der Sicht eines Terminologiedienstleisters. Diplomarbeit am Fachbereich „Kommunikation und Medien" der Hochschule Magdeburg-Stendal (FH).

Lieske, Christian (2002): Pragmatische Evaluierung von Werkzeugen für die Term-Extraktion. In: eTerminology - Professionelle Terminologie im Zeitalter des Internet. Akten des Symposiums. Köln, 12./13. April 2002. Köln: Deutscher Terminologie-Tag e.V., 109-131.

Zielinski, Daniel (2002): Computergestützte Termextraktion aus technischen Texten (Italienisch). http://fr46.uni-saarland.de/download/publs/haller/zielinski.pdf [27.03.2008].

Terminologieportale mit Mehrwert

Inke Raupach

Das Internet bietet Übersetzern und Dolmetschern vielfältige Möglichkeiten zur Terminologierecherche. Die Schwierigkeit besteht darin, einfache Wege zu finden, die Informationen, die für eine spezielle Übersetzung oder einen Dolmetscheinsatz benötigt werden, aus dem enormen Angebot herauszufiltern. Im Folgenden möchte ich schwerpunktmäßig Internetportale vorstellen, die über reine Terminologiebestände bzw. Querverweise auf Terminologiebestände hinaus verschiedene Informationen über Terminologie und Terminologiearbeit bzw. Diskussionsplattformen zum Thema Terminologie anbieten, und nur am Rande auf einige besondere Recherchemöglichkeiten eingehen.

FH Köln: DTP – Deutsches Terminologie-Portal

Das Deutsche Terminologie-Portal wurde im Rahmen eines Projekts an der Fachhochschule Köln entwickelt. Ziel des Projekts war es, ein internetbasiertes deutschsprachiges Terminologieportal zu entwickeln, das kleinen und mittelgroßen Unternehmen ohne eigene Terminologiekompetenz, aber auch größeren Unternehmen, Behörden und Organisationen mit eigenen Terminologiestellen als Anlaufstelle bei allen terminologischen Fragestellungen dient.

Das Portal, das in deutscher und englischer Version im Netz steht, stellt in erster Linie ein fachgebietsorientiertes Inventar von im Internet verfügbaren Terminologiebeständen, die deutsche Termini enthalten, bereit. Darüber hinaus werden methodische Anleitungen für effiziente Terminologiearbeit und den Aufbau einer firmeneigenen rechnergestützten Terminologieverwaltung angeboten. Ergänzend dazu werden Informationen über Organisationen, Verbände, Informationsstellen, Veranstaltungen, Aus- und Weiterbildungsmöglichkeiten, Veröffentlichungen, Normen im Bereich der Terminologie und (mehrsprachigen) Fachkommunikation zur Verfügung gestellt. Die gängigen Softwarewerkzeuge zur Terminologieverwaltung sind aufgeführt, und ein Tutorium erläutert die verschiedenen Kriterien, die bei der Auswahl eines geeigneten Programms eine Rolle spielen.

Das DTP bildet zusammen mit den Internetauftritten des Deutschen Terminologie-Tags (DTT) und des Deutschen Instituts für Terminologie (DIT), das den Fachbeirat des DTT bildet, sowie des Rats für Deutschsprachige Terminologie (RaDT) einen Portalverbund mit Schwerpunkt auf deutschsprachiger Terminologie.

- www.iim.fh-koeln.de/dtp oder
- www.termportal.de
- www.dttev.org
- www.radt.org
- www.iim.fh-koeln.de/deuterm/

FH Köln: Webterm

In den Portalverbund eingegliedert ist eine weitere, an der FH Köln erstellte und gepflegte Website, auf der die von den Studierenden verfassten terminologiewissenschaftlichen Diplomarbeiten online zugänglich sind. Die Studierenden erarbeiten darin die Terminologie eines abgeschlossenen Fachgebietes systematisch und begriffsbezogen in zwei – oder selten drei – Sprachen. Die Begriffe werden mit Benennungen, Definitionen, Kontexten, Quellen, Grammatikangaben und gegebenenfalls Abbildungen dokumentiert und mit einer Notation versehen, welche ihre Einordnung in das Begriffssystem widerspiegelt. Derzeit stehen etwa 250 dieser Terminologiesammlungen, geordnet nach Fachgebieten, online zur Verfügung. Die meisten sind zweisprachig Deutsch – Englisch, einige auch Deutsch – Französisch oder Deutsch – Spanisch. Eine Besonderheit stellt die grafische Darstellung der Begriffssysteme dar. Die Oberfläche ist wahlweise deutsch oder englisch. Leider sind die Bestände bisher nur mit dem Internet Explorer abrufbar. Sie werden jedoch derzeit auf die webbasierte MultiTerm-2007-Plattform migriert, um sie browserunabhängig anzubieten. Eine zentrale Datenbank mit allen in den Einzeldatenbanken enthaltenen Einträgen – im Oktober 2008 enthält sie ca. 40.000 terminologische Einträge – ist bereits online zugänglich.

- www.iim.fh-koeln.de/webterm

Universität Innsbruck: Innsbrucker Termbank Online

Ein ähnliches Angebot stellt das Institut für Translationswissenschaft der Universität Innsbruck bereit: fast 200 Arbeiten mit insgesamt ca. 25.000 zwei- oder mehrsprachigen Einträgen zu verschiedenen Themen aus 23 Fachbereichen (geordnet nach der von der EU-Kommission entwickelten Fachgebietsklassifikation Lenoch) in Deutsch und einer oder mehreren der Sprachen Englisch, Französisch, Italienisch und Spanisch sind im Internet mit Hilfe einer komfortablen Suchfunktion abrufbar. Die Begriffe sind mit Definitionen und Kontexten dokumentiert, zahlreiche Querverweise erleichtern das Verständnis.

- http://webapp.uibk.ac.at/terminologie/termbank.html

Nederlandse Taalunie/ Lessius Hogeschool: NedTerm

In enger Kooperation mit dem DTP wurde von der Lessius Hogeschool, Antwerpen (Belgien), im Auftrag der Nederlandse Taalunie das Projekt VIPTerm (Virtual Terminology Information Point) durchgeführt und ein ähnlich strukturiertes Internetportal für die niederländische Sprache entwickelt. Es ist unter dem Namen NedTerm in den Internetauftritt der Nederlandse Taalunie eingebunden und enthält umfangreiche aktuelle Informationen und Linksammlungen zu den Bereichen Literatur, Werkzeuge, Organisationen, Ausbildung, Projekte, Normung und Veranstaltungen.

NedTerm bietet Links zu zahlreichen Terminologiesammlungen verschiedener Fachgebiete in Niederländisch und einer oder mehreren der Sprachen Deutsch, Englisch, Französisch, Italienisch und Spanisch an. Es handelt sich dabei hauptsächlich um terminologiewissenschaftliche Arbeiten der Hogeschool Gent, Hogeschool voor Wetenschap en Kunst Brussel und der Lessius Hogeschool Antwerpen. Darüber hinaus werden Querverweise zu rund 85 Online-Glossaren aus den Bereichen Recht, Finanzen, Medizin, Technik und Sonstige sowie zu verschiedenen Websites mit Terminologieangeboten verschiedener Fachgebiete und Sprachen bereitgestellt.

- http://taalunieversum.org/taal/terminologie

Universität Vaasa: Terminology Forum

Das englischsprachige Terminologieforum der Universität Vaasa (Finnland) wurde eingerichtet, um die Suche nach terminologischen Aktivitäten und in dem Bereich tätigen Kollegen zu erleichtern und Kooperationen zu ermöglichen. Es enthält zahlreiche Informationen und Querverweise, aufgeteilt in die Rubriken Organisationen (nationale, regionale und internationale Organisationen, Verbände, Netzwerke, Foren, Terminologiezentren, Informationszentren für Terminologie, Forschungsinstitute, Firmen, Sprachplanungs- und Normungsorganisationen), Terminologieverwaltung (Terminologiedatenbanken, Software, Entwicklung, Projekte, Berichte usw.), Ausbildungsmöglichkeiten (nach Ländern geordnet) und Bibliothek (mit Querverweisen versehene umfangreiche Literaturliste zur Terminologielehre).

In der Rubrik Terminology Collection sind nach Sprachen bzw. Fachgebieten geordnete Links zu allgemein- und fachsprachlichen Wörterbüchern und Terminologiesammlungen zu finden. Darüber hinaus bietet das Terminology Forum den Nutzern Zugang zur Mailingliste TERM-LIST. Sie ist als Forum für Terminologen, Schüler und Studierende, Lehrer, Dolmetscher und Übersetzer sowie für alle Personen weltweit gedacht, die sich für Terminologiewissenschaft und Terminologierecherche interessieren.

- http://lipas.uwasa.fi/termino/

Termisti: L'infoport de la terminologie

Das Centre de recherche en linguistique appliquée Termisti ist an das Institut supérieur de traducteurs et interprètes der Haute École de Bruxelles angegliedert. Das französischsprachige Webportal Infoport de la terminologie bietet zahlreiche Links zu Organisationen, Projekten, Zeitschriften, Terminologiedatenbanken, CAT-Software, Terminologieaustauschformaten, Normen u. a. In einer gesonderten Rubrik sind Terminologiezentren im französischsprachigen Raum und Organisationen, die sich mit Fragen der Frankophonie befassen, zu finden.

Ein Querverweis führt zur Website des Réseau Lexicologie, Terminologie, Traduction der Agence universitaire de la Francophonie, einem Netzwerk von über 500 Wissenschaftlern aus dem Bereich der Sprachwissenschaft.

Der Infoport ist eine reine Linksammlung und ist für frankophone Nutzer im Zusammenspiel mit den anderen Termisti-Seiten, auf denen beispielsweise Forschungsprojekte beschrieben werden und Terminologiebestände zu verschiedenen Fachgebieten abrufbar sind, eine interessante Informationsquelle.

- www.termisti.refer.org/termisti.htm

Nordterm-Forum

Nordterm ist ein Zusammenschluss von Terminologieorganisationen der Nordischen Länder. Der Internetauftritt ist mehrsprachig auf Englisch, Schwedisch, Norwegisch, Finnisch, Isländisch, Kalaallisut (Grönländisch) und Nordsamisch. Das Nordterm-Forum bietet umfangreiche, übersichtlich gegliederte Sammlungen von Links auf Terminologie- und Normungsorganisationen, Verbände von Dolmetschern und Übersetzern, Lexikographen und technischen Redakteuren sowie auf Veranstaltungen, Projekte, Ausbildungs- und Forschungsinstitute, Publikationen, Software und Online-Terminologiebestände in den Nordischen Ländern bzw. mit Bezug zu den entsprechenden Sprachen.

- www.nordterm.net

Terminologieforum

In Zusammenarbeit mit dem Deutschen Terminologie-Tag (DTT) entstand mit Unterstützung von TermSolutions® das Terminologieforum. Es richtet sich an Übersetzer, Redakteure, Konstrukteure, Entwickler und weitere interessierte Personen, die sich dort austauschen und diskutieren können. Der Nutzer erhält Informationen zu Veranstaltungen und zu Software im Bereich Terminologieverwaltung und kann sich mit allen Fragen zum Thema Terminologie an die Forumsmitglieder wenden. So gibt es Foren zu allgemeinen Fragestellungen, Stellenanzeigen, Tools, und Terminologiearbeit. Um alle Funktionen des Forums nutzen zu können, muss sich der Nutzer anmelden. Als Gast kann man zwar die Beiträge lesen, sie aber nicht beantworten oder eigene Themen starten. Die Registrierung ist kostenlos.

- www.terminologieforum.de/index.php

Ausgewählte Recherchemöglichkeiten

Terminologie aus EU-Dokumenten

Übersetzern und Dolmetschern, die mit den EU-Sprachen arbeiten, stehen nicht nur einige Glossare, sondern auch zahlreiche Dokumente in verschiedenen Sprachen, vor allem aber auf Deutsch, Englisch und Französisch, im Internet zur Verfügung. Durch die Auswahl der Sprache, zu der Informationsquellen gewünscht werden, gelangt man unter ec.europa.eu/translation/index_de.htm auf eine Seite mit Linksammlungen zu verschiedenen Terminologiequellen, staatlichen Institutionen u. Ä.

In die relativ neue interinstitutionelle Terminologiedatenbank der EU namens IATE (Inter-Agency Terminology Exchange) wurden die Bestände des alten Eurodicautom und des Terminological Information System (TIS) der EU übernommen. Eine wichtige Quelle für Terminologie stellen auch die zahlreichen, in verschiedenen Sprachen im Internet zur Verfügung stehenden EU-Dokumente, die z. B. mit Hilfe der „Site"-Funktion bei google (Suchbegriff site:europa.eu) auffindbar sind. Auf der EUR-Lex-Seite sind Rechtsdokumente, Verträge, das Amtsblatt der EU sowie Material zur Rechtsprechung abrufbar.

- iate.europa.eu
- eur-lex.europa.eu/de/index.htm
- europa.eu/scadplus/glossary/index_de.htm
- ec.europa.eu/regional_policy/glossary/glossary_de.htm
- ec.europa.eu/employment_social/esf/
- ec.europa.eu/justice_home/judicialatlascivil/html/index_de.htm
- www.consilium.europa.eu/showPage.aspx?id=1279&lang=de

Kooperative Nutzung des Internet

Das Internet bietet die Möglichkeit, das Wissen von Fachleuten aus der ganzen Welt zu bündeln und Nutzern in der ganzen Welt zur Verfügung zu stellen – im Idealfall unentgeltlich. Eine gute Gelegenheit zur Diskussion und Klärung terminologischer Fragen bieten Internetforen. Diese Foren existieren in Form von Mailinglisten, wie das Diskussionsforum für Fachübersetzer u-forum, gegründet und geleitet von Alexander von Obert, oder von Online-Foren, wie

z. B. die LEO-Foren. LEO steht für „Link Everything Online" und ist ein Online-Service der Informatik der Technischen Universität München. LEO bietet mittlerweile fünf umfangreiche und komfortable Wörterbücher mit den Sprachpaaren Deutsch – Englisch, Deutsch – Französisch, Deutsch – Italienisch, Deutsch – Spanisch und Deutsch – Chinesisch und mehrere Online-Foren an, in denen z. B. LEO-Einträge oder spezielle terminologische Fragen der Teilnehmer diskutiert werden. Viele Kollegen werden weitere Mailinglisten und Foren für ihre Arbeitssprachen kennen.

Auf dem Prinzip der weltweiten Zusammenarbeit via Internet beruhen auch freie Online-Enzyklopädien wie die mehrfach preisgekrönte Wikipedia. Jeder kann mit seinem Wissen beitragen und die Artikel direkt im Browser bearbeiten. Seit 2001 sind auf diese Weise Millionen Artikel in über 100 Sprachen geschrieben und veröffentlicht worden. Einziges Regulativ ist die Lesergemeinschaft, die dafür sorgt, dass Fehler schnell korrigiert werden.

Dieses „Wiki"-Prinzip (Laut Wikipedia bezeichnet ein Wiki, das hawaiianische Äquivalent für „schnell", eine „Website, deren Seiten jeder leicht und ohne technische Vorkenntnisse direkt im Browser ändern kann.") ist sicher zukunftsträchtig, verteilt es doch die aufwendige Erstellung und Pflege von Informationsressourcen im Internet auf viele Hände bzw. Köpfe und setzt die Leser gleichzeitig als Autoren und als Kontrollinstanz ein.

- wikipedia.org
- www.leo.org
- www.tw-h.de/mailinglisten
- www.proz.com
- dir.groups.yahoo.com/dir/1601665092

Zur Rolle der Terminologieausbildung in translatorischen Studiengängen

Klaus-Dirk Schmitz

1 Einleitung

Terminologie wird überall dort benötigt, wo man sich mit Texten fachlichen Inhalts beschäftigt, egal ob man sie erstellt, zusammenfasst, übersetzt, dolmetscht oder nur lesen und verstehen will. Translatorische Studiengänge, die Fachleute im Bereich der professionellen Sprachmittlung ausbilden, müssen u.a. die Rezeption und Translation von fachlichen Inhalten lehren. Deshalb sollten Ausbildungskomponenten mit terminologischen Inhalten feste Bestandteile dieser Studiengänge sein. Dies hat schon das 1986 erschienene Memorandum des BDÜ gefordert. Die Ausbildungslandschaft im deutschsprachigen Raum ist aber durch die Bologna-Erklärung in einem Umbruch begriffen, der auch die Ausbildungsinstitute für Übersetzen und Dolmetschen erfasst hat. Dieser Beitrag betrachtet die Rolle der Terminologie in den neuen translatorischen Studiengängen mit Bachelor- und Master-Abschlüssen.

2 Was ist Terminologie?

Unter Terminologie versteht man den Fachwortbestand, d.h. die Menge der Begriffe und Benennungen eines Fachgebietes, und nicht etwa, wie der Wortbestandteil „-logie" vermuten lassen könnte, eine wissenschaftliche Disziplin. Die entsprechende wissenschaftliche Disziplin wird als Terminologielehre oder Terminologiewissenschaft bezeichnet.

Die praktische Umsetzung der Erkenntnisse und Methoden der Terminologielehre bei der Erarbeitung und Bearbeitung von Fachwortbeständen (Terminologien) nennt man Terminologiearbeit. Nach der Arbeitsausrichtung und Qualifikation der an der Terminologiearbeit beteiligten Personengruppen sowie nach der geplanten Nutzergruppe und dem Verwendungszweck der Terminologien kann man verschiedene Formen der Terminologiearbeit unterscheiden.

Schließt man bei den verschiedenen Formen der Terminologiearbeit den Bereich der terminologischen Analyse, d.h. der Erarbeitung (Recherche, Sammlung und Festlegung) von Terminologien aus, so bezeichnet man die verbleibenden Schritte der Erfassung, Verarbeitung, Pflege und Bereitstellung der Fachwortbestände als Terminologieverwaltung oder Terminologiemanagement. Hierzu werden heute meist sogenannte Terminologieverwaltungssysteme oder Terminologiedatenbanken eingesetzt.

3 Wer braucht Terminologie(-ausbildung)?

Ein zielgerichteter Wissenstransfer und eine effizient ablaufende fachsprachliche Kommunikation sind ohne korrekte Terminologie nicht denkbar. Deshalb benötigen *Fachleute, Technische Redakteure, Dokumentare* und *Informationsvermittler* einen Zugriff auf vorwiegend einsprachige Terminologien mit ihren entsprechenden Definitionen und Erläuterungen. Erfolgt der Wissenstransfer und die Kommunikation über Sprachgrenzen hinweg, müssen *Übersetzer* und *Dolmetscher* die Informationen adressatenspezifisch in die Zielsprache und Zielkultur übertragen; Recherchen in mehrsprachigen Terminologiebeständen sind eine Voraussetzung für qualitativ hochwertige translatorische Endprodukte. *Sprachplaner, Normungsfachleute, Fachlexikographen* und *Terminologen* unterstützen die genannten Terminologienutzer durch die Erarbeitung und Dokumentation ein- und mehrsprachiger terminologischer Wissensbestände.

All diese Gruppen, die an der Erarbeitung, Bereitstellung und Nutzung von Terminologie beteiligt sind, sollten in ihrer Ausbildung mit dem notwendigen terminologischen Rüstzeug versorgt werden. Im Kontext dieses Artikels sollen vor allem die Anforderungen an translatorische Tätigkeitsfelder in Bezug auf terminologische Ausbildungsinhalte betrachtet werden.

4 Inhalte einer Terminologieausbildung

In der folgenden Übersicht wird versucht, mögliche terminologische Ausbildungsinhalte in Form von thematischen Bausteinen zu beschreiben. Diese Bausteine haben nicht den Status einer Lehrveranstaltung oder eines Ausbildungsmoduls; sie können aber in solche integriert oder zu solchen ausgebaut werden. Die Relevanz der einzelnen Bausteine für unterschiedliche Nutzergruppen und Ausbildungsgänge soll später beleuchtet werden.

A1: Terminologiewissenschaft I

Theoretische Grundlagen der Terminologiewissenschaft: Erklärungsmodelle, Gegenstand, Begriff, Benennung, Eigenschaften, Merkmale, Definitionen, Synonymie, Homonymie, Äquivalenz, Begriffsbeziehungen, Begriffssysteme etc.

A2: Terminologiewissenschaft II

Vertiefende Aspekte der Terminologiewissenschaft: Entwicklung des Faches als eigenständige wissenschaftliche Disziplin, terminologische Ontologien, terminologisches Wissensmanagement etc.

B1: Terminologiearbeit I

Arten und Formen der Terminologiearbeit, Arbeitsmethoden, Terminologierecherche, Internet als Quelle für die Terminologierecherche, Auswahl und Schreiben von Definitionen, Auswahl und Bildung von Benennungen etc.

B2: Terminologiearbeit II

Planung und Durchführung von Terminologieprojekten, terminologischer Workflow (im Unternehmen), Qualitätssicherungsmaßnahmen etc.

C1: Terminologieverwaltung I

Terminologieverwaltungssysteme, Übersicht und Typisierung, Arbeit mit Terminologieverwaltungssystemen, Anlegen und Bearbeiten von terminologischen Einträgen, Zugriff auf existierende Ressourcen, Import und Export von Daten, Filterung etc.

C2: Terminologieverwaltung II

Konzeption und Einrichtung von Terminologielösungen, Datenkategorien, Eintragsmodelle, Begriffsorientierung, Benennungsautonomie, unterschiedliche Nutzergruppen und -rechte etc.

C3: Terminologieverwaltung III

Terminologieextraktion, Terminologiekontrolle im Text, Terminologieaustausch, webbasierte Terminologieverwaltung, Terminologie und andere Anwendungssysteme (Maschinelle Übersetzungssysteme, Translation-Memory-Systeme, Content-Management-Systeme, Autorensysteme etc.)

D1: Terminologiestrategie

Terminologienormung, wirtschaftliche Aspekte, rechtliche Aspekte (Copyright), Networking, Terminologie und Cultural Diversity, Terminologieinfrastruktur (Institutionen, Organisationen und Verbände) etc.

E1: Terminologieanwendungen

Fallstudien zur Terminologiearbeit, z.B. Anwendungen im Bereich Sprachplanung, Medizin, Umwelt, Softwarelokalisierung etc.

F1: Terminologieausbildung

Entwicklung von Curricula und Bausteinen für die Terminologieausbildung, für unterschiedliche Nutzergruppen, Einsatz von Programmen für die Terminologieausbildung, webbasierte und E-Learning-Methoden etc.

5 Umsetzung

Im deutschsprachigen Raum wurden bisher an Universitäten und Fachhochschulen Diplom-Studiengänge im Bereich Übersetzen und Dolmetschen angeboten; an den bayrischen Fachakademien führte die Ausbildung in diesen Fächern zu einem staatlich geprüften Abschluss. Terminologiebezogene Studieninhalte mit theoretischen und praktischen Themen finden sich in den meisten dieser translatorischen Curricula. Sie haben zum Ziel, den zukünftigen Sprachmittlern das terminologische Rüstzeug für ihre professionelle Tätigkeit im Bereich des Fachübersetzens und Konferenzdolmetschens mitzugeben. Eine eigenständige Ausbildung zur Terminologin oder zum Terminologen findet man als grundständigen Studiengang kaum. Nur in der Schweiz bieten bzw. boten die Hochschulen in Genf und Zürich-Winterthur im postgradualen Bereich spezielle Ausbildungsgänge zur Terminologie an.

Im Kontext der Bologna-Erklärung entwickeln nun die Ausbildungsinstitutionen im Bereich Übersetzen und Dolmetschen neue modulare und meist gestufte Curricula. Trotz unterschiedlicher Auffassungen im Hinblick auf die Ausrichtung und das Ausbildungsprofil von Bachelor- versus Master-Studiengängen (siehe Nord 2006, Schmitz 2006a und Schmitz 2006b) zeichnet sich die Tendenz ab, dass Bachelor-Studiengänge einerseits die pragmatischen und wissenschaftlichen Grundkompetenzen im sprachmittlerischen Bereich, andererseits aber die für ein eigenständiges Berufsbild notwendigen Kompetenzen und Fähigkeiten im Bereich der mehrsprachigen, internationalen Kommunikation vermitteln sollen. Innerhalb eines derartigen, meist sechssemestrigen BA-Curriculums wird es weiterhin kleinere Studienmodule mit terminologischen Inhalten geben. Hierfür bietet es sich an, Teilinhalte aus den oben beschriebenen Bausteinen A1, B1 und C1 zu übernehmen.

Die meist viersemestrigen Master-Studiengänge bauen in der Regel auf den Bachelor-Studiengängen auf und vermitteln spezifische, weiter gehende pragmatische und wissenschaftliche Kompetenzen im translatorischen Bereich, aber auch in verwandten Berufsfeldern. Die Master-Studiengänge, die quasi die Tradition der alten Diplom-Ausbildung auf höherem fachlichem und wissenschaftlichem Niveau fortführen, tragen Bezeichnungen wie „Translation", „Übersetzungswissenschaft", „Internationale Fachkommunikation", „Fachübersetzen" oder „Konferenzdolmetschen" und beinhalten fast überall Ausbildungsmodule mit terminologischen Inhalten. Bei einem stärker anwendungsbezogenen Master-Studiengang bieten sich hier zunächst die Bausteine A1, B1 und C1 an, bei einem eher forschungsorientierten Master-Studiengang eher die Bausteine A1, A2, B1 und F1. Eine Ergänzung um Teile aus anderen Bausteinen ist je nach Ausrichtung sinnvoll.

Innerhalb des Angebots an Master-Studiengängen ergibt sich aber auch zum ersten Mal die Gelegenheit, umfangreichere Ausbildungskomponenten zur Terminologie in ein Curriculum einzubauen (z.B. MA „Fachübersetzen und Terminologie") oder gar einen weitgehend eigenständigen Studiengang mit

Ausbildung zur Terminologin oder zum Terminologen (z.B. MA „Terminologie und Sprachtechnologie") anzubieten. Hierbei kann je nach Ausrichtung des Master-Studiengangs das gesamte Spektrum der oben beschriebenen Bausteine angeboten werden.

6 Schlussbemerkungen

Da alle translatorischen Ausbildungsgänge auf anwendungs- oder forschungsorientierte Tätigkeitsfelder vorbereiten, die sich – in welchem Umfang auch immer – mit fachsprachlichen Inhalten beschäftigen, müssen terminologische Ausbildungskomponenten fester Bestandteil dieser translatorischen Curricula sein. In diesem Beitrag wurde versucht, thematische Bausteine für eine vollumfängliche terminologische Ausbildung zu definieren und Empfehlungen für die spezifische Integration bestimmter Bausteine in die derzeit angebotenen translatorischen Bachelor- und Master-Studiengänge zu geben. Es ist Aufgabe der einzelnen Ausbildungsinstitute, diese terminologischen Inhalte adäquat in die Curricula zu integrieren, wobei je nach Ausprägung des Studiengangs und des angestrebten Qualifikationsprofils der Absolventinnen und Absolventen andere Schwerpunktsetzungen oder Ergänzungen um zusätzliche terminologierelevante Themen sinnvoll sein können.

Literatur

Koordinierungsausschuß „Praxis und Lehre" des Bundesverbandes der Dolmetscher und Übersetzer e.V. (BDÜ) (1986): „Memorandum". In: *Mitteilungsblatt für Dolmetscher und Übersetzer MDÜ*, 5/1986, 1-8.

Mayer, F./Schmitz, K.-D. (2004): „Ausbildungsgänge im Bereich Terminologie nach Bologna", in: Mayer, F./Schmitz, K.-D./Zeumer, J. (eds.): *Terminologie und Wissensmanagement. Akten des Symposions, Köln, 26.-27. März 2004*. Köln: Deutscher Terminologie-Tag e.V., 235-239.

Nord, C. (2006): „Viele Wege nach Bologna - Mit BA fit für die Übersetzungspraxis". In: *MDÜ, Mitteilungen für Dolmetscher und Übersetzer*, 2/2006, 6.

Schmitz, K.-D. (2003): „Neue gestufte und modulare Ausbildungsmodelle im Bereich Übersetzen und Dolmetschen". In: Wilss, W. (ed.): *Die Zukunft der internationalen Kommunikation im 21. Jahrhundert (2001-2020).* Tübingen: Narr, 204-212.

Schmitz, K.-D. (2006a): „Translation hochgehängt - ein Plädoyer für translatorische Master-Abschlüsse". In: *MDÜ, Mitteilungen für Dolmetscher und Übersetzer*, 2/2006, 10-11.

Schmitz, K.-D. (2006b): „10 Thesen zur Bachelor- und Master-Ausbildung im Bereich Translation". In: *Lebende Sprachen*, 1/2006, 2-5.

Schmitz, Klaus-Dirk (2007a): Translationsqualität durch Terminologiequalität – wie und wo sollte Terminologiearbeit den Übersetzungsprozess unterstützen. In: Schmitt, Peter A.; Jüngst, Heike E. (Hrsg.) (2007): Translationsqualtität. Frankfurt: Peter Lang, 537-552.

Schmitz, Klaus-Dirk (2007b): Terminologie und Sprachtechnologie – Neuer Masterstudiengang der FH Köln verbindet mehrsprachige Fachkommunikation und interkulturelles Wissensmanagement. In: eDITion, Nr. 1/2007, 22.

Stoll, Karl-Heinz (2006): Der Bologna-Prozess im Bereich Übersetzen und Dolmetschen. In: Lebende Sprachen, 1/2006, 5-13.

Autoren

Karina Eckstein
Diplom-Fachübersetzerin (FH)
Florastraße 83
50733 Köln
karina.eckstein@gmx.net

Dr. Rachel Herwartz
TermSolutions – Terminology
Solutions & Services
Mühlstraße 10
88085 Langenargen
herwartz@termsolutions.de

Dr. François Massion
D.O.G. Dokumentation ohne
Grenzen GmbH
Neue Ramtelstr. 12
71229 Leonberg
Francois.Massion@dog-gmbh.de

Prof. Dr. Felix Mayer
Hochschule für Angewandte Sprachen
& Dolmetscher Institut München
Amalienstraße 73
80799 München
mayer@sdi-muenchen.de

Dipl.-Übersetzerin Inke Raupach
Raupach Fachübersetzungen
Heinestraße 7
50931 Köln
raupach@advanced-translations.de

Prof. Dr. Uta Seewald-Heeg
Hochschule Anhalt (FH)
Fachbereich Informatik
06366 Köthen
uta.seewald-heeg@inf.hs-anhalt.de

Prof. Dr. Klaus-Dirk Schmitz
Fachhochschule Köln
Institut für Translation und
Mehrsprachige Kommunikation
klaus.schmitz@fh-koeln.de

Angelika Zerfaß
ZAAC
Dorotheenstr. 38
53119 Bonn
zerfass@zaac.de

In der Schriftenreihe des BDÜ sind bisher folgende Bücher erschienen:

36 **Untertitelung einer Episode der BBC Sitcom „Yes Minister"** € 15,00
 – von Stefanie Leißner, Umfang: 189 Seiten, ISBN: 9783938430286, Erscheinungsjahr: 2009
 Ein guter Übersetzer ist nicht zwangsläufig ein guter Untertitler, denn die Untertitelung unterscheidet sich in vielerlei Hinsicht von der klassischen Übersetzung. Die Übertragung von Humor stellt zudem eine der größten Herausforderungen für den Übersetzer dar. Kann die Untertitelung überhaupt als geeignetes Übersetzungsverfahren für fremdsprachiges Filmmaterial des Genre „Comedy" angesehen werden? Das vorliegende Buch versucht eine Antwort auf diese Frage zu geben. Die Autorin beschäftigt sich mit den translatorischen Aspekten der Untertitelung im Rahmen der audiovisuellen Übersetzung. Übersetzungsprobleme und –strategien, besonders bei der Übertragung von Humor im Film, werden anhand der Untertitelung einer Episode der BBC Sitcom „Yes Minister" exemplarisch aufgezeigt.

35 **Terminologiemanagement – von der Theorie zur Praxis –** € 20,00
 von Felix Mayer, Uta Seewald-Heeg (Hrsg.), Umfang: 148 Seiten, ISBN: 9783938430279, Erscheinungsjahr: 2009
 Terminologie spielt in allen Phasen des Produktentwicklungszyklus eine bedeutende Rolle. Konsistente Terminologie ist entscheidend für die Qualität von Produkten, insbesondere bei der Lokalisierung. Aber auch in der Unternehmenskommunikation, bei der Erstellung produktbegleitender Materialien, in der Werbung und im Kundendienst ist konsistente Terminologie für den wirtschaftlichen Erfolg notwendig. Um allen Abteilungen eines Unternehmens Zugriff auf einen gemeinsamen Terminologiebestand zu gewähren, ist ein unternehmensweites Terminologiemanagement erforderlich. Der vorliegende Band beschreibt, welches die wesentlichen Grundprinzipien terminologischer Arbeit sind. Er zeigt, wie Terminologiebestände errichtet und ausgetauscht werden können, gibt Hinweise, mit welchen Methoden und Werkzeugen Terminologiemanagement betrieben werden kann, und nennt darüber hinaus Inhalte, die in der Terminologieausbildung Berücksichtigung finden sollten.

| 34 | Stylistic traps in technical Englisch – and solutions – von David Burkhart, Umfang: 96 Seiten, ISBN: 9783938430262, Erscheinungsjahr: 2009 | € 14,00 |

Technical texts translated from German into English often contain awkward wordings, because the original sentences are long, complicated and overly abstract. How can complicated technical matters be expressed adequately in English that is simple, direct and easy to understand? The author presents a series of recommendations on how to deal with difficult stylistic issues frequently encountered in technical documents. Examples are provided throughout the book; each chapter includes exercises, with suggested solutions at the end of the book. This book is a stylistic toolbox for writers and translators of technical texts.

| 33 | Erfolgreich selbstständig als Dolmetscher und Übersetzer: Ein Leitfaden für Existenzgründer, 4., überarbeitete und erweiterte Auflage, Umfang: 169 Seiten, ISBN: 9783938430255, Erscheinungsjahr: 2009 | € 22,00 |

Mit den Schriften des BDÜ verschafft der Bundesverband der Dolmetscher und Übersetzer Berufseinsteigern, aber auch erfahrenen Kolleginnen und Kollegen, praktische Kenntnisse, die für die qualifizierte Berufsausübung unabdingbar sind. Die Spannweite der Beiträge in diesem Buch reicht von der Büroorganisation des Freiberuflers über Tipps zur Auftragsakquisition und zum Umgang mit Auftraggebern bis hin zur Kalkulation und Vertragsgestaltung. Den Autoren dieser erweiterten und aktualisierten Auflage des vorliegenden Bandes ist es erneut gelungen, eine Vielzahl von Facetten des praktischen Berufslebens zu erfassen und verständlich aufzubereiten. Das detaillierte Inhaltsverzeichnis und eine umfangreiche Adresssammlung machen dieses Buch für Neulinge wie für alte Hasen zu einem gern konsultierten Nachschlagwerk.

| 32 | Übersetzen in die Zukunft – Herausforderungen der Globalisierung für Dolmetscher und Übersetzer. Tagungsband der Internationalen Fachkonferenz des BDÜ, Berlin, 11.–13. September 2009 – von W. Baur, S. Kalina, F. Mayer, J. Witzel (Hrsg.), Umfang: 582 Seiten, ISBN: 9783938430248, Erscheinungsjahr: 2009 | € 20,00 |

Dieser Tagungsband enthält die Beiträge der Fachkonferenz. Fachleute aus den Bereichen Übersetzen und Dolmetschen, Wissenschaftler, Juristen, Betriebswirtschaftler und Berater analysieren in ihren Beiträgen veränderte Arbeitsbcdingungen, Berufsprofile und Perspektiven der Branche. Die 7 Themenschwerpunkte der Konferenz spiegeln die Hauptinhalte wider:
- Auswirkungen der Globalisierung auf den Übersetzungs- und Dolmetschmarkt
- Neue Berufsprofile, neue Perspektiven
- Neue Herausforderungen beim Übersetzen
- Neue Herausforderungen beim Dolmetschen
- Neue Technologien
- Ausbildung heute
- Neue Anforderungen an die Berufsverbände

Aufgrund der internationalen Ausrichtung der Konferenz stammen die Beiträge von Freiberuflern, Entscheidungsträgern und führenden Fachleuten aus der ganzen Welt – mit vielfältigen Visionen zur multikulturellen Kommunikation, Gestaltung und Qualitätssicherung der Dienstleistung Übersetzen und Dolmetschen. Aufgrund der unterschiedlichen Blickwinkel sind die Beiträge für Dienstleister in allen Ausprägungen in der freien Wirtschaft und in Institutionen im deutschsprachigen Raum wie auch im Ausland wertvoll.

31 Gerichts- und Behördenterminologie: Eine gedrängte Darstellung des Gerichtswesens und des Verwaltungsverfahrens in der Bundesrepublik Deutschland – von Prof. Ulrich Daum, 9., überarbeitete Auflage, Umfang: 181 Seiten, ISBN: 9783938430231, Erscheinungsjahr: 2009 € 17,00

Gerichts- und Behördenterminologie von Ulrich Daum ist eine Handreichung zur Sprache von Gericht und Verwaltung und ein Vademecum angehender Gerichtsdolmetscher. Kandidaten der Staatsprüfung für Übersetzer und Bewerber um Beeidigung als Dolmetscher finden hier die wichtigsten einschlägigen Informationen und sprachlichen Besonderheiten.

| 30 | **Deutsche Landeskunde – für die Ausbildung und Prüfung von Dolmetschern und Übersetzern, für die Tätigkeit von Dolmetschern und Übersetzern und für die Vorbereitung auf die Tests für Einbürgerungswillige – von Prof. Ulrich Daum, Umfang: 169 Seiten, ISBN: 9783938430224, Erscheinungsjahr: 2009** | € 16,00 |

Ob für Dolmetscher und Übersetzer in der Ausbildung, für im Beruf stehende Sprachmittler im deutschsprachigen Raum oder für Einbürgerungswillige: Die „Deutsche Landeskunde" von Ulrich Daum bietet ein Grundwissen über die Realien in Deutschland, das für diese Zielgruppen unabdingbar ist. Das Buch eignet sich als Lehrwerk im Unterricht wie auch zum Eigenstudium und dient als Handreichung für Prüfungen im Sprachmittlerbereich. Schließlich kann es auch zur Vorbereitung für die Tests für Einbürgerungswillige verwendet werden.

| 29 | **Honorarspiegel für Übersetzungs- und Dolmetschleistungen, Umfang: 94 Seiten, Erscheinungsjahr: 2009** | € 15,00 |

Anders als für Leistungen in anderen freien Berufen – z.B. Leistungen von Rechtsanwälten, Architekten oder Ingenieuren – gibt es in Deutschland für die Leistungen von Übersetzern und Dolmetschern keine Gebühren- oder Honorarordnungen. Um dennoch in einem preislich für Auftraggeber und Auftragnehmer gleichermaßen weitgehend unübersichtlichen Markt für ein gewisses Maß an Transparenz zu sorgen, führt der BDÜ seit dem Jahr 2008 jährliche Umfragen über die im Vorjahr in Deutschland erzielten Honorare für Dolmetsch- und Übersetzungsleistungen durch.

| 28 | **Erb- und Immobilienrecht: Wörterbuch Deutsch–Spanisch / Spanisch–Deutsch – von Katrin Berty; Juan Fernández-Nespral; Norbert Lösing, Anna-Karola Rosse, Umfang: 367 Seiten, ISBN: ISBN 9783938430217, Erscheinungsjahr: 2009** | € 35,00 |

Das Wörterbuch deckt pro Sprachrichtung etwa 350 Termini ab. Von üblichen zweisprachigen (Fach-) Wörterbüchern unterscheidet es sich durch seine Konzeption als terminologisches Nachschlagewerk: Definitionen, Kontextbeispiele sowie sprach- und kulturspezifische Informationen stellen eine fundierte Entscheidungsgrundlage für die Wahl des treffenden Terminus dar. Diese Kombination von Sprach- und Sachinformationen macht das Wörterbuch zum Erb- und Immobilienrecht zu einem Fachwörterbuch im besten Sinne, das seinen Nutzern einen entscheidenden Mehrwert bietet.

27 **Der Zivilprozess: Eine Einführung für Gerichtsdolmetscher und -übersetzer – von Helia Daubach; Claus Sprick, Umfang: 155 Seiten, ISBN: 9783938430033, Erscheinungsjahr: 2007** € 14,00
Verfasst von Richterin am Landgericht Dr. Helia-Verena Daubach und Richter am Bundesgerichtshof Claus Sprick gibt dieser Band Dolmetschern und Übersetzern, die für die Gerichte tätig sind oder werden möchten, eine zusammenhängende Einführung in den Zivilprozess. Neben der Vermittlung eines grundlegenden Verständnisses des Zivilprozesses und der in diesem Zusammenhang wesentlichen juristischen Begriffe zeichnen sich die beiden in diesem Band zusammengefassten Beiträge („Der Zivilprozess erster Instanz" und „Das Verfahren in den Rechtsmittelinstanzen") insbesondere dadurch aus, dass hier zwei Richter, also „Abnehmer" der Leistungen von Sprachmittlern, Hinweise darauf geben, worauf es ihnen besonders ankommt. Fragen wie z.B. „Wie frei oder wortgetreu soll ich dolmetschen?" werden hier im Verfahrenszusammenhang erörtert und ganz praktisch beantwortet.

26 **Dolmetschen im medizinischen Bereich – Diplomarbeit von Marja Barkowski, Umfang: 190 Seiten, ISBN: 9783938430194, Erscheinungsjahr: 2007** € 18,00
Gehört Krankenhausdolmetschen zum so genannten Community Interpreting? Welche Kompetenzen muss ein professioneller Krankenhausdolmetscher aufweisen? Welche Rolle spielt medizinisches und institutionelles Hintergrundwissen für einen Krankenhausdolmetscher? Dieses Buch zeigt spezifische Kompetenzen und Anforderungen an professionelle Krankenhausdolmetscher auf. Weiterhin werden der aktuelle Forschungsstand des Krankenhausdolmetschens, die Art der Einsatzmöglichkeiten und die derzeitige Arbeitsmarktsituation beleuchtet.

25 Sprachdidaktik und Computer: MT-Dictionaries: Ein Beitrag zur Usability-Forschung – von Martina Schwanke, Umfang: 144 Seiten, ISBN: 9783938430156, Erscheinungsjahr: 2007 € 13,00
In dieser Studie werden die Instruktionen zum Aufbau und zur Erweiterung der Lexika in maschinellen Übersetzungssystemen untersucht. Der Schwerpunkt der Analysen liegt auf der Flexion der deutschen Substantive.

24 Übersetzen und Globalisierung: Globalisierung und ihre Auswirkungen auf die Übersetzungs- und Lokalisierungsindustrie" – Diplomarbeit von Florian Willer, Umfang: 143 Seiten, ISBN: 9783938430187, Erscheinungsjahr: 2007 € 13,00
Welche Vorteile entstehen mit der fortschreitenden Technisierung und Vernetzung in der Übersetzungs- und Lokalisierungsindustrie für den freiberuflichen Übersetzer? Wie reagieren die Auftraggeber und welchen Nutzen sehen sie in dieser Entwicklung? Eine empirische Studie über globale Entwicklungen und Veränderungen in der Übersetzerbranche als Folge der unaufhaltsamen Technisierung bei der Abwicklung von Übersetzungs- und Lokalisierungsprojekten.

23 Gesellschaftsvertrag Deutsch–Englisch: Die Besonderheiten der englischen und deutschen Rechtssprache und Probleme der juristischen Übersetzung am Beispiel einer Übersetzung eines Gesellschaftsvertrags (Diplomarbeit) – von Babette Knauer, Umfang: 135 Seiten, ISBN: 9783938430170, Erscheinungsjahr: 2007
Dieser Titel ist nicht mehr erhältlich.

22 Glossar der Gefängnissprache: Materialien für Gerichtsdolmetscher – von Anja Pachel, Umfang: 110 Seiten, ISBN: 9783938430040, Erscheinungsjahr: 2006 € 10,00
Was tun, wenn ein Strafgefangener bei einem Gerichtstermin plötzlich davon redet, dass er sich „blankmachen" musste, um sich einer „84-2" zu unterziehen, dass der „Pop Shop" viel zu früh ist und er nun nach seiner Erfahrung im „Kahn" sicher weiß, dass er nie wieder etwas „eintüten" wird. Was ist der Unterschied zwischen einem Be- und einem Angeschuldigten

oder zwischen Außenbeschäftigung, Ausführung, Freigang und Ausgang? Dieses Nachschlagewerk soll Dolmetschern helfen, sich auf einen Einsatz vor Gericht vorzubereiten.

21 **Die Bedeutung von Fachwissen für das Simultandolmetschen: Eine empirische Untersuchung – Diplomarbeit von Silke Fritz, Umfang: 132 Seiten, ISBN: 9783938430149, Erscheinungsjahr: 2006** € 12,00
Dolmetscher finden in dieser Diplomarbeit eine Analyse der wichtigsten Bausteine für eine gute Arbeitsleistung. Dieses Buch zeigt auf, inwieweit Vorwissen wesentlich für das Verstehen eines Textes ist und wie wichtig es für Dolmetscher ist, sich hierfür nicht nur Fachvokabular, sondern auch Fachwissen anzueignen. Weiterhin wird beleuchtet, wie Verstehensdefizite durch geschickte Dolmetschstrategien ausgeglichen werden können.

20 **Wörterbuch zur Unternehmensfinanzierung: Deutsch–Spanisch / Spanisch–Deutsch" – von Juan Fernández-Nespral; Julia Fritz; Anke Lutz; Sylvia Thebes, Umfang: 437 Seiten, ISBN: 9783938430118, Erscheinungsjahr: 2006** € 43,00
Das „Wörterbuch zur Unternehmensfinanzierung: Deutsch–Spanisch / Spanisch–Deutsch" durchleuchtet pro Sprachrichtung etwa 650 Termini. Durch seine Konzeption unterscheidet sich das vorliegende Wörterbuch von üblichen (Groß-)Wörterbüchern, die zwar eine Vielzahl von Termini beleuchten, meist aber keine Sachinformation zur Verfügung stellen. Definitionen, Kontextbeispiele sowie sprach- und kulturspezifische Informationen bieten dem Nutzer dieses Wörterbuchs eine fundierte Entscheidungsgrundlage für die Wahl des treffenden Terminus. Gerade das Zusammenspiel von Sprach- und Sachinformationen macht das Wörterbuch zur Unternehmensfinanzierung zu einem Fachwörterbuch im besten Sinne, das seinen Nutzern einen entscheidenden Mehrwert bietet.

19 **Wer übersetzt was – Ausgabe 2006/2007: Ein Kompendium mit Angaben über Ausbildung, Werdegang und Berufspraxis von über 900 BDÜ-Mitgliedern, Umfang: 246 Seiten, ISBN: 9783938430019, Erscheinungsjahr: 2006** € 26,00

Dieses Verzeichnis enthält ausführliche Angaben über Dolmetscher und Übersetzer. Erstmals werden hier in Buchform auch Bildungswege, Erfahrungen und Kenntnisse von Mitgliedern veröffentlicht. Auch wenn es zwei Dutzend Datenbanken gibt, aus denen die eine oder andere Information gewonnen werden kann, geht doch nichts über ein Buch, das direkt griffbereit hinter dem Schreibtisch steht. Das Verzeichnis richtet sich an Behörden, Hochschulen, Wissenschaftsinstitute, Verlage, Gerichte, Verbände, Bibliotheken, Sprachendienste, Großunternehmen sowie Dolmetscher und Übersetzer selbst.

18 **Strafbefehle und Anklagen, Materialien für Dolmetscher – von Norbert Zänker (Hrsg.), Umfang: 146 Seiten, ISBN: 9783938430026, Erscheinungsjahr: 2006** € 13,00
Was schreibt ein Staatsanwalt denn wirklich, wenn er einem Angeklagten Betrug, Diebstahl oder Körperverletzung vorwirft? Hier finden Sie Materialien für Gerichtsdolmetscher, d.h. zur Vorbereitung von Einsätzen dienende konkrete Texte des Strafverfahrens. Strafbefehle und Anklagen sind die bei weitem häufigste, im Gericht vom Blatt übersetzte bzw. gedolmetschte Textsorte.

17 **Das Strafprozessrecht in Deutschland, Chile, Argentinien und Spanien – Ein terminologischer Vergleich (Diplomarbeit) – von Karin Porstmann, Umfang: 391 Seiten, ISBN: 9783938430095, Erscheinungsjahr: 2006**
Dieser Titel ist nicht mehr erhältlich.

16 **Aufsätze und Beiträge: Theoretische Einsichten und praktische Ausblicke – von Prof. Dr. Albrecht Neubert, Umfang: 223 Seiten, ISBN: 9783938430088, Erscheinungsjahr: 2006** € 22,00
In seinen Artikeln und Aufsätzen aus den Jahren 2003 bis 2005 widmet sich der langjährige Direktor des Leipziger Dolmetscherinstituts dem Zusammenhang zwischen Theorie und Praxis. Dies ist eine weitere vom BDÜ aufgelegte Zusammenstellung (auch) theoretischer Überlegungen und Ansätze.

15   **Theoria cum Praxi: Theoretische Einsichten und praktische**   € 29,00
**Ausblicke – von Prof. Dr. Albrecht Neubert, Umfang: 287
Seiten, ISBN: 9783938430071, Erscheinungsjahr: 2006**
In seinen Artikeln und Aufsätzen aus den Jahren 1986 und 2002 widmet sich der langjährige Direktor des Leipziger Dolmetscherinstituts dem Zusammenhang zwischen Theorie und Praxis. Viele der hier vorgelegten, früher bereits einzeln erschienenen Beiträge sind in englischer Sprache.

14   **Deutsche Urteile in Strafsachen, Materialien für Dolmet-**   € 20,00
**scher – von Norbert Zänker (Hrsg.), Umfang: 206 Seiten,
ISBN: 9783938430064, Erscheinungsjahr: 2006**
Dieser Band enthält authentische, aber anonymisierte Urteile der bundesdeutschen Strafgerichtsbarkeit. Vom Diebstahl über die Körperverletzung bis zum Raub und Mord sind hier Urteile abgedruckt, die angehenden Gerichtsdolmetschern die Einarbeitung in ihr neues Tätigkeitsfeld erleichtern sollen.

13   **Terminologie und Lexikographie, Reprint 3 (2005), Umfang:**   € 20,00
172 Seiten, ISBN: 9783980824293, Erscheinungsjahr: 1974
Beizeiten hat sich der BDÜ mit übersetzungsrelevanten Themen der Terminologie befasst. Der hier als Nachdruck vorgelegte Tagungsband des BDÜ-Fachseminars „Terminologie und Lexikographie, Frankfurt am Main, 23.–25.10.1974", galt als „Quelle der Weisheit" für den Übersetzer draußen im Lande. Er war lange Zeit vergriffen, weswegen er – ob seiner grundlegenden Bedeutung – in neuer Aufmachung noch einmal vorgelegt wird. Schaut man sich an, wer vor gut dreißig Jahren die Sprachendienste der Industrie und der Behörden vertrat, kommt man leider nicht umhin festzustellen, dass viele dieser Abteilungen nicht mehr existieren. Die Themen und Probleme sind jedoch ähnliche geblieben, nur werden sie heute mehr an Hochschulen und bei den Übersetzern und anderen Sprachdienstleistern selbst bearbeitet. Sicher, die Entwicklung, zumal in der rechnergestützten Terminologiearbeit, ist weit vorangeschritten. Ein Blick zurück hilft aber zu sehen, wo wir herkommen. Dieses Buch behandelt:

- Die Ausbildung in Terminologie und terminologischer Lexikographie
- Die vier Dimensionen der Terminologiearbeit
- Die internationale terminologische Grundsatzarbeit
- Infoterm – Das Internationale Informationszentrum für Terminologie
- Gemeinsprachen, Fachsprachen und Übersetzen
- Terminologie und Übersetzen
- Die Terminologiearbeit in der Übersetzungsabteilung der Firma E. Merck, Chemisch-Pharmazeutische Fabrik, Darmstadt
- Die Terminologiearbeit der Sprachendienste der Europäischen Gemeinschaften
- Terminologiearbeit in einem Fachwörterbuchverlag
- Die Dezimalklassifikation und ihre Bedeutung für die Arbeit des Übersetzers

12 Dolmetscher und Übersetzer im Landesrecht: Das Recht der Dolmetscher und Übersetzer in den Ländern der Bundesrepublik Deutschland – von Norbert Zänker (Hrsg.), Umfang: 346 Seiten, ISBN: 9783938430002, Erscheinungsjahr: 2005 € 35,00
Prüfung, Beeidigung, Ermächtigung bzw. Bestellung von Dolmetschern und Übersetzern sind – wie auch zum Teil die Ausbildung für diese Berufe – in Deutschland landesrechtlich geregelt. Der BDÜ legt hier eine erste Übersicht über die Vielfalt an Gesetzen und Verordnungen der Bundesländer vor.

11 Gerichts- und Behördenterminologie: Eine gedrängte Darstellung des Gerichtswesens und des Verwaltungsverfahrens – Materialien für Dolmetscher – von Prof. Ulrich Daum, Umfang: 172 Seiten, ISBN: 9783980824293, Erscheinungsjahr: 2005
Dieser Titel ist nicht mehr erhältlich.

10 Übersetzen und Dolmetschen im 20. Jahrhundert: Schwerpunkt deutscher Sprachraum – von Prof. Dr. Wolfram Wilss, Nachdruck (2005), Umfang: 300 Seiten, ISBN: 9783980824286, Erscheinungsjahr: 1999 € 15,00

„Übersetzen und Dolmetschen im 20. Jahrhundert" von Prof. Dr. Wolfram Wilss ist innerhalb weniger Jahre zum Standardwerk geworden. Angehenden Dolmetschern und Übersetzern, Berufspraktikern und Philologen wird es zur Lektüre empfohlen.

9 **4. Deutscher Gerichtsdolmetschertag: 28./29. Oktober 2004, München, Umfang: 115 Seiten, ISBN: 9783980824279, Erscheinungsjahr: 2004** € 12,00
Im Jahr der Einführung des Justizvergütungs- und -entschädigungsgesetzes (JVEG) und den damit verbundenen Einkommenseinbußen für öffentlich bestellte und beeidigte Übersetzer und Dolmetscher erscheint es eine dringende Notwendigkeit, die Bedeutung dieses Berufsfeldes herauszustellen. Durch die Vorträge gewähren wir einen Einblick in das weite Einsatzgebiet von beeidigten Dolmetschern und Übersetzern bei Justiz, Staatsanwaltschaft und Polizei, verbunden mit den dadurch gestellten hohen Anforderungen an Wissen, Kommunikationsfähigkeit und Vermittlungsgeschick, nicht nur hinsichtlich der Sprachen, sondern auch in Bezug auf die unterschiedlichen Rechtssysteme. Die Vorträge behandeln wichtige Aspekte dieses Berufs und eignen sich hervorragend sowohl für Berufsanfänger, weil sie zahlreiche Fragen aus der täglichen Praxis beleuchten, als auch für erfahrene Kollegen, die sich über den neuesten Stand der Dinge informieren möchten.

8 **Das berufliche Umfeld des Dolmetschers und Übersetzers: Aus der Praxis für die Praxis, Reprint 1 (2004), Umfang: 350 Seiten, ISBN: 9783980824262, Erscheinungsjahr: 1993** € 18,00
In der Reihe REPRINT, Nachdrucke wichtiger Veröffentlichungen, legt der BDÜ hier den Tagungsband des Kongresses „Das berufliche Umfeld des Dolmetschers und Übersetzers: Aus der Praxis für die Praxis", Bonn 1993, vor. Bei diesem größten BDÜ-Kongress wurden alle wichtigen beruflichen Themen der Dolmetscher und Übersetzer von sachkundigen Referenten behandelt. Viele der Beiträge sind noch immer wegweisend und verdienen, gelesen zu werden. Einige sind historisch interessant und zeigen, wie weit wir über die Jahre gekommen sind. Oder auch nicht.

| 7 | **2. Deutscher Gerichtsdolmetschertag.** Berlin, 1997, Reprint 2 (2004), Umfang: 130 Seiten, ISBN: 9783980824255, Erscheinungsjahr: 1997 | € 14,00 |

Zivilverfahren, Strafverteidigung, Daktyloskopie, Psychiatrische Gutachten, BTM-Untersuchungen, Asylrecht und Alkoholgutachten sind nur einige Themen, die bei diesem Kongress behandelt wurden. Keine andere Zusammenstellung dieser Art geht so auf die Bedürfnisse der Gerichtsdolmetscher ein und vermittelt ihnen Grundlagenwissen, welches sie im Kriminalgericht, aber auch bei Verkehrszivilsachen, Betreuungsfällen oder polizeilichen Ermittlungen nutzen können.

| 6 | **Codice Penale: Das italienische Strafgesetzbuch,** Umfang: 245 Seiten, ISBN: 9783980824231, Erscheinungsjahr: 2004 | € 25,00 |

Auch Gerichtsdolmetscher für Italienisch schlagen gern einmal in der Quelle der Erkenntnis – hier im italienischen Strafgesetzbuch – nach, wenn sie Anklagen, Strafbefehle, Urteile und ähnliche Texte zu übersetzen haben. Diesen unkommentierten Originaltext stellt man sich am besten griffbereit in Augenhöhe ins Regal.

| 5 | **Justizvergütungs- und -entschädigungsgesetz (JVEG): Materialien für Dolmetscher** – von Norbert Zänker (Hrsg.), 2. Auflage, Umfang: 60 Seiten, ISBN: 9783980824248, Erscheinungsjahr: 2005 | € 6,00 |

Ab 1.Juli 2004 führt das mit seiner Begründung abgedruckte Justizvergütungs- und -entschädigungsgesetz (JVEG) für Dolmetscher und Übersetzer bei Gericht erstmals das Vergütungsprinzip ein. Gesetzestext und Begründung sind für beeidigte Dolmetscher bzw. ermächtigte Übersetzer unentbehrlich und gehören auf den Schreibtisch jedes freiberuflichen Sprachmittlers.

| 4 | **Dolmetscher und Übersetzer in deutschen Gesetzen:** Auszüge aus deutschen Gesetzen, die sich auf Dolmetscher und Übersetzer beziehen – von Norbert Zänker (Hrsg.), 2. Auflage, Umfang: 145 Seiten, ISBN: 9783980824224, Erscheinungsjahr: 2005 | € 14,00 |

Wer darf die Richtigkeit und Vollständigkeit von Übersetzungen bescheinigen? Wo ist die Geheimhaltung geregelt? Was verdient ein Gerichtsdolmetscher? Wann kann ein Dolmetscher vor Gericht abgelehnt werden? Wie lang ist die Zeile einer Übersetzung? All' das und mehr steht im Gesetz. Der 4. Band der Schriftenreihe des BDÜ beinhaltet Auszüge aus deutschen Gesetzen, die sich auf Dolmetschen und Übersetzen beziehen.

3   **Gerichtsdolmetscher in Berlin, 2006: Für die Berliner Gerichte und Notare allgemein beeidigte Dolmetscher (und Übersetzer), Umfang: 180 Seiten, ISBN: 9783938430101, Erscheinungsjahr: 2006**   € 40,00
Dies ist eine Liste von in Berlin allgemein beeidigten Dolmetschern (und Übersetzern). Die Eintragungen sind nach Sprachen geordnet, innerhalb der Sprachen nach Namen und Vornamen. Für die Richtigkeit und Vollständigkeit dieser öffentlichen Daten wird keinerlei Gewähr übernommen. Dies ist kein Mitgliederverzeichnis.

2   **Das Praktikum im Dolmetschen und Übersetzen: Ein Leitfaden für Schüler, Studenten, Freiberufler sowie Firmen, 2. überarbeitete Auflage, Umfang: 73 Seiten, ISBN: 9783980824217, Erscheinungsjahr: 2003**   € 10,00
Dieser Band der BDÜ-Schriftenreihe gibt Studenten des Dolmetschens, Übersetzens und verwandter Disziplinen einen umfassenden Einblick in Sinn und Nutzen eines Praktikums. Der umfangreiche Adressteil erleichtert es dem Berufsnachwuchs, ein für ihn sinnvolles Praktikum erfolgreich zu gestalten.

1   **Erfolgreich selbstständig als Dolmetscher und Übersetzer: Ein Leitfaden für Existenzgründer, 3. überarbeitete Auflage, Umfang: 140 Seiten, ISBN: 9783980824200, Erscheinungsjahr: 2005**
Dieser Titel ist nicht mehr erhältlich.

Alle Preise sind Bruttopreise und verstehen sich zzgl. Porto und Verpackung (€ 4,00). Bestellungen erbitten wir über: www.publikationen.bdue.de.